GEORGE SAND ILLUSTRÉ PAR **TONY JOHANNOT**
ET MAURICE SAND

LES
MAITRES MOSAISTES

PRÉFACE ET NOTICE NOUVELLE

LES SAUVAGES DE PARIS

Prix : **70 centimes**

T. JOHANNOT   B. DELAVILLE. SC

ÉDITION J. HETZEL

LIBRAIRIE CENTRALE
DES PUBLICATIONS ILLUSTRÉES A 20 CENTIMES
Rue du Pont-de-Lodi, 5

1856
—
PARIS

BLANCHARD
LIBRAIRE
Rue Richelieu, 78, près la Bourse

LE

MONDE LITTÉRAIRE

LA NOUVELLE — LE CONTEUR

REVUES PÉRIODIQUES ILLUSTRÉES DES LETTRES, DES SCIENCES, DES ARTS ET DES FAITS

L'ensemble de cette publication se compose de 3 journaux littéraires illustrés produisant 6 Numéros par semaine; chacun d'eux forme un tout bien complet et peut être acheté séparément.

Le **MONDE LITTÉRAIRE** est destiné à offrir presque quotidiennement au lecteur une série d'articles inédits, à la fois instructifs et intéressants.

Outre sa publication de *Romans, Contes et Nouvelles*, il contient une *Revue historique, bibliographique, théâtrale, scientifique et artistique*, qui s'étend à tous les faits d'un intérêt réel.

La rédaction quotidienne du **MONDE LITTÉRAIRE** est confiée à des écrivains éminents, au nombre desquels on peut citer, dès à présent, MM. Méry, Léon Gozlan, Théophile Gautier, Georges Bell, Alphonse Karr, Philibert Audebrand, X.-B. Saintine, le docteur Yvan, Marie Aycard, Pierre Bernard, G. Daumas, Alf. Busquet, H. Trianon, Albéric Second, Oscar Honoré, Alfred de Bougy, etc.

Enfin, indépendamment des avantages incontestables résultant de l'extrême modicité du prix, du mérite de la partie littéraire, de la bonne exécution typographique du journal et de la beauté des vignettes qui ornent le texte, cette charmante publication donne, *sans supplément de prix*, aux personnes qui souscrivent aux séries de 2 numéros, une suite d'ouvrages importants magnifiquement illustrés et dus à la plume de nos plus grands écrivains modernes :

MM. DE BALZAC, VICTOR HUGO, ALEXANDRE DUMAS, GEORGE SAND, EUGÈNE SUE, MÉRY, ALPHONSE KARR, J. ARAGO, ETC.

RENSEIGNEMENTS ET CONDITIONS D'ABONNEMENT

Il est publié pour chacun des jours de la semaine (*le dimanche excepté*) un numéro du **MONDE LITTÉRAIRE.**

Chaque numéro séparé se vend **5 centimes.**

Les 6 numéros publiés dans la semaine paraissent en 3 séries distinctes, dont chacune contient 2 numéros. — La 1re série, ayant pour titre le **MONDE LITTÉRAIRE,** comprend les numéros du *mercredi* et du *jeudi.* — La 2e série, ayant pour titre la **NOUVELLE,** contient ceux du *vendredi* et du *samedi.* — Enfin, la 3e série, ayant pour titre le **CONTEUR**, comprend les numéros du *lundi* et du *mardi.*

Le prix de chaque série de 2 numéros est de **10 centimes.**

A chacune des feuilles de séries se trouve jointe une autre feuille ne faisant pas partie du journal, ayant sa pagination spéciale, et contenant un ouvrage illustré donné *sans supplément de prix* à l'acheteur de la série. — En réunissant les ouvrages *donnés ainsi pour rien*, on pourra former chaque année une bibliothèque illustrée, offrant un choix d'œuvres capitales, inédites et autres, de tous les grands écrivains français et étrangers.

Les ouvrages commencés dans l'une des séries sont continués, sans interruption, dans la même série, et chacune d'elles produit par année 2 beaux volumes bien complets, illustrés de nombreuses et charmantes gravures, et contenant la matière de 50 volumes de cabinet de lecture. — En un mot, chacune des 3 séries forme une publication distincte.

Le service de distribution se fait tous les deux jours.

L'abonné à l'une des trois séries reçoit par an 104 numéros et 52 feuilles de romans, le tout illustré de 250 gravures et contenant la matière de 50 volumes de cabinet de lecture. — L'abonné de six mois aux trois séries reçoit 156 numéros, 78 feuilles de romans, illustrés de 500 gravures, et la matière de 75 volumes. — Enfin l'abonné d'un an aux trois séries du **MONDE LITTÉRAIRE** reçoit 312 numéros, 156 feuilles de romans, illustrés de près de 1,000 gravures, et la matière de 150 volumes. — Le Journal est imprimé sur beau papier glacé, *fabriqué exprès*; le tirage est fait par l'une des plus importantes maisons de Paris; les dessins et la gravure sont confiés aux meilleurs artistes; enfin le **MONDE LITTÉRAIRE** est rédigé par l'élite de la littérature contemporaine, et ne contient que des ouvrages d'un intérêt réel; il suffit, pour s'en convaincre, de consulter les numéros déjà publiés.

ABONNEMENTS

On peut s'abonner pour un an à chacune des trois séries séparément.

PRIX D'ABONNEMENT A UNE DES SÉRIES

Un an, pour Paris : 5 fr.; — pour les Départ. : 7 fr.

En souscrivant aux trois séries à la fois, on peut, si on le désire, ne s'abonner que pour six mois.

PRIX D'ABONNEMENT AUX TROIS SÉRIES

Six mois, pour Paris : 7 fr.; — pour les Départ. : 10 fr.

Enfin, en s'abonnant pour un an aux trois séries du Monde littéraire, on peut profiter du *prix réduit* ci-après :

Un an, pour Paris : 12 fr.; — pour les Départ. : 18 fr

LES ABONNEMENTS ANNUELS ET SEMESTRIELS PARTENT DES MOIS DE MARS ET SEPTEMBRE DE CHAQUE ANNÉE.

BUREAUX D'ABONNEMENT : A Paris, rue d'Enfer, 53, où les lettres et mandats doivent être adressés à M. Jay, caissier.

DÉPOTS PRINCIPAUX : A Paris, à la Librairie centrale, rue du Pont-de-Lodi, 5, — et à la Librairie générale, rue de la Bourse, 17

PARIS. — IMP. SIMON RAÇON ET COMP., RUE D'ERFURTH, 1.

MICHEL LÉVY FRÈRES, ÉDITEURS
2 BIS, RUE VIVIENNE

NOUVELLE ÉDITION

LIBRAIRIE NOUVELLE
15, BOULEVARD DES ITALIENS

T. JOHANNOT — H. DELAVILLE. SC

LES MAITRES MOSAÏSTES

PAR

GEORGE SAND

NOTICE

J'ai écrit les *Mosaïstes* en 1837, pour mon fils, qui n'avait encore lu qu'un roman, *Paul et Virginie*. Cette lecture était trop forte pour les nerfs d'un pauvre enfant. Il avait tant pleuré, que je lui avais promis de lui faire un roman où il n'y aurait pas d'amour et où toutes choses finiraient pour le mieux. Pour joindre un peu d'instruction à son amusement, je pris un fait réel dans l'histoire de l'art. Les aventures des mosaïstes de Saint-Marc sont vraies en grande partie. Je n'y ai cousu que quelques ornements, et j'ai développé des caractères que le fait même indique d'une manière assez certaine.

Je ne sais pourquoi j'ai écrit peu de livres avec autant de plaisir que celui-là. C'était à la campagne, par un été aussi chaud que le climat de l'Italie que je venais de quitter. Jamais je n'ai vu autant de fleurs et d'oiseaux dans mon jardin. Liszt jouait du piano au rez-de-chaussée, et les rossignols, enivrés de musique et de soleil, s'égosillaient avec rage sur les lilas environnants.

GEORGE SAND.

Nohant, mai 1852.

A MAURICE D.....

Tu me reproches, enfant, de te faire toujours des contes qui finissent mal et te rendent triste, ou bien des histoires si longues, si longues, que tu t'endors au beau milieu. Crois-tu donc, petit, que ton vieux père puisse avoir des idées riantes après si rude, après un printemps si pâle, si froid, si rhumatismal? Quand le triste vent du nord gémit autour de nos vieux sapins, quand la grue jette son cri de détresse au son de l'*Angelus* qui salue l'aube terne et glacée, je ne puis rêver que de sang et de deuil. Les grands spectres verts dansent autour de ma lampe pâlissante, et je me lève, inquiet, pour les écarter de ton lit. Mais le temps n'est plus où les enfants croyaient aux spectres. Vous souriez quand nous vous racontons les superstitions et les terreurs qui ont environné notre enfance; les contes de revenants, qui nous tenaient éveillés et tremblants dans nos lits jusqu'au lugubre coup de *Matines*, vous font sourire et vous endorment dans vos berceaux. C'est donc une histoire toute simple et toute naturelle que tu demandes, jeune esprit-fort? Je vais essayer de me rappeler une de celles que l'abbé Panorio racontait à Beppa, du temps que j'étais à Venise. L'abbé Panorio était de ton avis, quant aux histoires. Il était rassasié de fantastique; la confession des vieilles dévotes lui avait

1

fait prendre les sorciers et les visions en horreur. D'autre part, il donnait peu dans le genre sentimental. Les amours de roman lui semblaient d'une fadeur extrême ; mais comme toi il s'intéressait aux rêveries des amants de la nature, aux travaux et aux tribulations des artistes. Ses récits avaient toujours un fond de réalité historique ; et si quelquefois ils nous attristaient, ils finissaient toujours par une vérité consolante ou par un enseignement utile.

C'était durant les belles nuits d'été, à la clarté pleine et suave de la lune des mers orientales, qu'assis sous une treille en fleur, abreuvés du doux parfum de la vigne et du jasmin, nous soupions gaiement de minuit à deux heures dans les jardins de Santa-Margarita. Nos convives étaient Assem Zuzuf, honnête négociant de Corcyre ; le signor Lélio, premier chanteur du théâtre de la Fenice ; le docteur Acrocéronius, la charmante Beppa et le bel abbé Panorio. Un rossignol chantait dans sa cage verte, suspendue au treillage qui abritait la table. Au sorbet, Beppa accordait un luth et chantait d'une voix plus mélodieuse encore que celle du rossignol. L'oiseau jaloux l'interrompait souvent par des roulades précipitées, par des assauts furieux de mélodie ou de déclamation lyrique ; puis on éteignait les bougies, le rossignol se taisait, la lune répandait de pâles saphirs et des diamants bleuâtres sur les cristaux et les flacons d'argent épars devant nous. La mer brisait au loin avec un bruit voluptueux sur les plages fleuries, et le vent nous apportait quelquefois le récitatif lent et monotone du gondolier ;

Intanto la bella Erminia fugge, etc.

Alors l'abbé racontait les beaux jours de la république et les *grandes mœurs* des temps de force et de gloire de sa patrie. D'autres fois aussi il se complaisait à nous rappeler les jours de faste et d'éclat. Quoique jeune, l'abbé connaissait mieux l'histoire de Venise que les plus vieux citoyens. Il l'avait étudiée avec amour dans ses monuments et dans ses chartes. Il s'était plu aussi à chercher, dans les traditions populaires, des détails sur la vie des grands artistes. Un jour, à propos du Tintoret et du Titien, il nous raconta l'anecdote que je vais essayer de me rappeler, si la brise chaude qui fait onduler nos tilleuls, et l'alouette qui poursuit dans la nue son chant d'extase, ne sont pas interrompues par le vent d'orage, si la bouffée printanière qui entr'ouvre le calice de nos roses paresseuses, et qui me prend au cœur, daigne souffler sur nous jusqu'à demain matin.

I.

« Croyez-moi, *messer Jacopo*, je suis un père bien malheureux. Je ne me consolerai jamais de cette honte. Nous vivons dans un siècle de décadence, c'est moi qui vous le dis ; les races dégénèrent, l'esprit de conduite se perd dans les familles. De mon temps, chacun cherchait à égaler, sinon à surpasser ses parents. Aujourd'hui, pourvu qu'on fasse fortune, on ne regarde pas aux moyens, on ne craint pas de déroger. De noble, on se fait trafiquant ; de maître, manœuvre ; d'architecte, maçon ; de maçon, goujat. Où s'arrêtera-t-on, bonne sainte mère de Dieu ? »

Ainsi parlait messire Sébastien Zuccato, peintre oublié aujourd'hui, mais assez estimé dans son temps comme chef d'école, à l'illustre maître Jacques Robusti, que nous connaissons davantage sous le nom du Tintoret.

« Ah ! ah ! répondit le maître, qui par préoccupation habituelle était souvent d'une sincérité excessive ; il vaut mieux être un bon ouvrier qu'un maître médiocre, un grand artisan qu'un artiste vulgaire, un...

— Eh ! eh ! mon cher maître, s'écria le vieux Zuccato un peu piqué, appelez-vous artiste vulgaire, peintre médiocre, le syndic des peintres, le maître de tant de maîtres

qui font la gloire de Venise et forment une constellation sublime, où vous êtes enchâssé comme un astre aux rayons éblouissants, mais où mon élève Tiziano Vecelli ne brille pas d'un moindre éclat ?

— Oh ! oh ! maître Sébastien, reprit tranquillement le Tintoret, si de tels astres et de telles constellations dardent leurs feux sur la république, si de votre atelier sont sortis tant de grands maîtres, à commencer par le sublime Titien, devant lequel je m'incline sans jalousie et sans ressentiment, nous ne vivons donc pas dans un siècle de décadence, comme vous le disiez à l'instant même.

— Eh bien ! sans doute, dit le triste vieillard avec impatience, c'est un grand siècle, un beau siècle pour les arts. Mais je ne puis me consoler d'avoir contribué à sa grandeur et d'être le dernier à en jouir. Que m'importe d'avoir produit le Titien, si personne ne s'en souvient et ne s'en soucie ? Qui le saura dans cent ans ? Encore aujourd'hui ne le sait-on que grâce à la reconnaissance de ce grand homme, qui va partout faisant mon éloge, et m'appelant son cher *compère*. Mais qu'est-ce que cela ? Ah ! pourquoi le ciel n'a-t-il pas permis que je fusse le père du Titien ! qu'il s'appelât Zuccato, ou que je m'appelasse Vecelli ! Au moins mon nom vivrait d'âge en âge, et dans mille ans on dirait : « Le premier de cette race fut un bon maître » ; tandis que j'ai deux fils parjures à mon honneur, infidèles aux nobles muses, deux fils remplis de brillantes dispositions qui auraient fait ma gloire, qui auraient surpassé peut-être et le Giorgione, et le Schiavone, et les Bellini, et le Veronèse, et Titien, et Tintoret lui-même... Oui, j'ose le dire, avec leurs talents naturels, et les conseils que, malgré mon âge, je me fais encore fort de leur donner, ils peuvent effacer leur souillure, quitter l'échelle du manœuvre, et monter à l'échafaudage du peintre. Il faut donc, mon cher maître, que vous me donniez une nouvelle preuve de l'amitié dont vous m'honorez en vous joignant à messer Tiziano pour tenter un dernier effort sur l'esprit égaré de ces malheureux enfants. Si vous pouvez ramener Francesco, il se chargera d'entraîner son frère, car Valerio est un jeune homme sans cervelle, je dirais presque sans moyens, s'il n'était mon fils, et s'il n'avait fait parfois preuve d'intelligence en traçant des frises à fresque sur les murs de son atelier. Mon Choco [1] est un tout autre homme : il sait manier le pinceau comme un maître, et communiquer aux peintres les hautes conceptions que ceux-ci, que vous-même, comme vous me l'avez dit souvent, messer Jacopo, ne faites qu'exécuter. Avec cela il est fin, actif, persévérant, inquiet, jaloux... il a toutes les qualités d'un grand artiste ; hélas ! je ne concevrai jamais qu'il ait pu se fourvoyer dans une si méchante voie.

— Je ferai tout ce que vous voudrez, répondit le Tintoret ; mais auparavant je vous dirai en conscience ce que je pense de votre colère contre la profession qu'ont embrassée vos fils. La mosaïque n'est point, comme vous le dites, un vil métier ; c'est un art véritable, apporté de Grèce par des maîtres habiles, et dont nous ne devrions parler qu'avec un profond respect ; car lui seul nous a conservé, encore plus que la peinture sur métaux, les traditions perdues du dessin au Bas-Empire. Si elle nous les a transmises altérées et méconnaissables, il n'en est pas moins vrai que, sans elle, nous les eussions perdues entièrement. La toile ne survit pas aux outrages du temps. Apelle et Zeuxis n'ont laissé que des noms. Quelle reconnaissance n'aurions-nous pas aujourd'hui pour des artistes généreux qui auraient éternisé leurs chefs-d'œuvre à l'aide du cristal et du marbre ? D'ailleurs la mosaïque nous a conservé intactes les traditions de la couleur, et en cela, loin d'être inférieure à la peinture, elle a sur elle un avantage que l'on ne peut nier : elle résiste à la barbarie des temps, comme aux outrages de l'air....

— Et pourquoi, puisqu'elle résiste si bien, interrompit le vieux Zuccato avec humeur, *la seigneurie* fait-elle donc réparer toutes les voûtes de Saint-Marc, qui sont aujourd'hui aussi nues que mon crâne ?

— Parce qu'à l'époque où elles furent revêtues de mo-

1. Abréviation de Francesco ; se prononce *Keco*.

saïques, les artistes grecs étaient rares à Venise, venaient de loin, restaient peu, formaient à la hâte des apprentis qui exécutaient les travaux indiqués, sans savoir le métier et sans pouvoir donner à ces travaux la solidité nécessaire. Depuis que cet art a été cultivé, de siècle en siècle, à Venise, nous sommes devenus aussi habiles que les Grecs l'ont jamais été, et les ouvrages de votre fils Francesco passeront à la postérité : on le bénira d'avoir tracé sur les parois de notre basilique des fresques inaltérables. La toile où Titien et Véronèse ont jeté leurs chefs-d'œuvre tombera en poussière ; un jour viendra où l'on ne connaîtra plus nos grands maîtres que par les mosaïques des Zuccati.

— Fort bien, dit l'obstiné vieillard. De cette manière, Scarpone, mon cordonnier, est un plus grand maître que Dieu ; car mon pied, qui est l'œuvre de la Divinité, tombera en poussière que ma chaussure pourra garder pendant des siècles la forme et l'empreinte de mon pied !

— Et la couleur ! messer Sébastiano, et la couleur ! Votre comparaison ne vaut rien. Quelle substance travaillée de main d'homme pourra garder la couleur exacte de votre chair jamais pendant le temps illimité ? La pierre et le métal, substances primitives et inaltérables, garderont, jusqu'à leur dernier grain de poussière, la couleur vénitienne, la plus belle du monde, et devant laquelle Buonarotti et toute son école florentine sont forcés de baisser pavillon. Non, non, vous êtes dans l'erreur, maître Sébastien ! Vous êtes injuste, si vous ne dites pas : « Honneur au graveur, dépositaire et propagateur de la ligne pure ! Honneur au *mosaïste*, gardien et conservateur de la couleur ! »

— Je suis votre *esclave* [1], répondit le vieillard. Merci de vos bons avis, messer ; il ne me reste plus qu'à vous prier de veiller à ce que l'on n'oublie pas de graver mon nom sur ma tombe, avec le titre *pictor*, afin qu'on sache, l'année prochaine, qu'il y avait à Venise un homme de mon nom qui maniait le pinceau et non pas la truelle.

— Dites-moi donc, messer Sebastiano, reprit le bon maître en le retenant, est-ce que vous n'avez point vu les derniers travaux que vos fils ont exécutés dans l'intérieur de la basilique ?

— Dieu me préserve de voir jamais Francesco et Valerio Zuccato hissés par une corde comme des couvreurs, coupant l'émail et maniant le mastic.

— Mais vous savez, mon bon Sébastien, que ces ouvrages ont obtenu les plus beaux éloges du sénat et les plus belles récompenses de la république ?

— Je sais, Messer, répondit Zuccato avec hauteur, qu'il y a sur les échelles de la basilique de Saint-Marc un jeune homme qui est mon fils aîné, et qui, pour cent ducats par an, abandonne la noble profession de ses pères, malgré les reproches de sa conscience et les souffrances de son orgueil. Je sais qu'il y a sur le pavé de Venise un jeune homme qui est mon second fils, et qui, pour payer ses vains plaisirs et ses folles dépenses, consent à sacrifier toute sa fierté, à se mettre aux gages de son frère, à quitter les habits beaucoup trop riches du débauché pour des habits beaucoup trop humbles du manœuvre, à trancher du patricien le soir dans les gondoles et à supporter tout le jour le rôle de maçon pour payer le souper et la sérénade de la veille. Voilà ce que je sais, Messer, et rien autre chose.

— Et moi, je vous dis, maître Sébastien, reprit Tintoret, que vous avez deux bons et nobles enfants, deux excellents artistes, dont l'un est laborieux, patient, ingénieux, exact, passé maître dans son art ; tandis que l'autre, aimable, brave, jovial, plein d'esprit et de feu, moins assidu au travail, mais plus fécond peut-être en idées larges et en conceptions sublimes...

— Oui, oui, repartit le vieillard, fécond en idées et en paroles encore plus ! J'ai beaucoup connu ces théoriciens qui *sentent l'art*, comme ils disent, qui l'expliquent, le définissent, l'exaltent, et ne le servent point : c'est la lèpre des ateliers ; à eux le bruit, aux autres la besogne.

Ils sont de trop noble race pour travailler, ou bien ils ont tant d'esprit qu'ils ne savent qu'en faire ; l'inspiration les tue. Aussi, pour n'être point trop inspirés, ils babillent ou battent le pavé du matin au soir. C'est apparemment dans la crainte que les émotions de l'art et le travail ne nuisent à sa santé que messer Valerio, mon fils, ne fait œuvre de ses dix doigts, et laisse son cerveau s'en aller par les lèvres. Ce garçon m'a toujours fait l'effet d'une toile sur laquelle on tracerait tous les jours les premières lignes d'une esquisse, sans se donner la peine d'effacer les précédentes, et qui présenterait ainsi, au bout de peu de temps, le spectacle bizarre d'une multitude de lignes incohérentes, dont chacune pourtant aurait eu une intention et un but, mais où l'artiste, plongé dans le chaos, ne pourrait jamais en ressaisir et en suivre une seule.

— J'avoue que Valerio est un peu dissipé et passablement paresseux, repartit le maître. Je me chargerai donc de l'en reprendre encore une fois, usant en ceci du droit paternel qu'il m'a accordé lui-même en se fiançant volontairement à ma petite Maria.

— Et vous souffrez cette plaisanterie ! dit le vieux peintre en déguisant mal le secret plaisir que lui causait cette circonstance, confirmée par la bouche de Robusti lui-même. Vous permettez qu'un artisan, pas même un artisan, un apprenti, ose aspirer, même en riant, à la main de votre fille ? Messer Jacopo, je vous déclare que si j'avais une fille, et que Valerio Zuccato, au lieu d'être mon fils, se trouvât être mon neveu, je ne souffrirais pas qu'il se mît sur les rangs pour l'épouser.

— Oh ! cela regarde ma femme ! répondit Robusti. Cela regardera ma fille, quand elle sera en âge d'être épousée. Maria aura du talent, beaucoup de talent ; j'espère que bientôt elle fera des portraits que j'oserai signer, et que la postérité n'hésitera point à m'attribuer ; j'espère qu'elle se fera un nom illustre, par conséquent une position élevée. L'héritage d'une fortune indépendante lui est assuré par mon travail. Qu'elle épouse donc Valerio, l'apprenti, ou même Bartolomeo Bozza, apprenti de l'apprenti, si bon lui semble : elle sera toujours Maria Robusti, fille, élève et continuatrice du Tintoret. Il y a des filles qui peuvent se marier pour leur plaisir et non pour leur avantage. Les jeunes patriciennes sont plus portées pour leurs pages que vers les illustres fiancés qu'on leur offre. Maria est une patricienne aussi dans son genre. Qu'elle agisse donc en patricienne. Savez-vous que l'enfant a du goût pour Valerio. »

Le vieux Zuccato hocha la tête, et ne répondit pas, afin de ne pas laisser percer sa reconnaissance et sa joie. Cependant le maître put s'apercevoir d'un grand adoucissement dans son humeur ; et, après une assez longue discussion, où Sébastien se défendit pied à pied, mais avec moins d'âcreté qu'au commencement, il finit par se laisser emmener à la basilique de Saint-Marc, où les frères Zuccati achevaient alors la grande mosaïque de la voûte, au-dessus de la porte majeure interne. Les figures, tirées des visions de l'Apocalypse, étaient exécutées sur les cartons du Titien et du Tintoret lui-même.

II.

Lorsque le vieux Zuccato entra sous cette coupole orientale, où d'un fond d'or étincelant s'élançaient comme de terribles apparitions, les colossales figures des prophètes et des fantômes apocalyptiques évoqués dans leurs songes, il fut saisi, malgré lui, d'une frayeur superstitieuse, et le sentiment de l'artiste faisant place un instant au sentiment religieux, il se signa, salua l'autel dont les lames d'or brillaient faiblement au fond du sanctuaire, et, déposant sa barrette sur le pavé, il récita tout bas une courte prière.

Quand il eut fini, il releva péniblement les genoux raidis par l'âge, et se hasarda à jeter les yeux sur les figures des quatre évangélistes, qui étaient les plus rapprochées de lui. Mais comme sa vue était affaiblie, il n'en put saisir que l'ensemble, et dit en se retournant vers le Tintoret : « On ne peut nier que ces grandes masses ne fassent de l'effet. Pur charlatanisme, après tout!... Oh! oh! Monsieur, vous voilà? » Ces dernières paroles furent adressées à un grand jeune homme pâle, qui, en entendant les échos de la coupole répéter les sons aigus et cassés de la voix de son père, était descendu précipitamment de son échafaudage pour aller le recevoir. Francesco Zuccato, ayant lutté avec douceur et persévérance contre la volonté paternelle, avait fini par suivre sa vocation et s'abstenir des fréquentes entrevues qui eussent pu réveiller ce sujet de discorde; mais il était en toute occasion humble et respectueux envers l'auteur de ses jours. Pour lui faire un accueil plus convenable, il avait essuyé à la hâte ses mains et sa figure, il avait jeté son tablier, et endossé sa robe de soie garnie d'argent, que lui présenta un de ces jeunes apprentis. En cet équipage, il était aussi beau et aussi élégant que le patricien le plus à la mode. Mais son front mélancolique et la gravité de son sourire portaient l'empreinte des nobles soucis et du saint orgueil de l'artiste.

Le vieux Zuccato le toisa de la tête aux pieds, et, résistant à l'émotion qu'il éprouvait, lui dit avec ironie :

« Eh bien! Monsieur, comment ferons-nous pour admirer vos chefs-d'œuvre? S'ils n'étaient liés à la muraille, *corpore et animo*, on vous prierait d'en décrocher quelques-uns; mais vous avez mieux entendu les intérêts de votre gloire, en plaçant tout cela si haut, que nul regard ne peut y atteindre.

— Mon père, répondit modestement le jeune homme, le plus beau jour de ma vie serait celui où ces faibles productions obtiendraient de vous un regard d'indulgence; mais votre volonté sévère est un obstacle bien plus grand que la distance qui vous sépare de cette voûte. S'il était en mon pouvoir de fléchir votre répugnance, je ne doute pas qu'avec l'aide de mon frère je ne parvinsse à vous conduire au haut de ces planches, d'où vous pourriez embrasser d'un coup d'œil tout l'ensemble des figures qui vous masquent en ce moment.

— Votre frère! répondit le vieux grondeur, et où est-il, votre frère? Ne daignera-t-il pas descendre de son empyrée de verroterie, pour venir me saluer à son tour?

— Mon frère est sorti, dit Francesco; sans quoi il se fût empressé, comme moi, de passer sa robe et de venir vous baiser la main; je l'attends d'un instant à l'autre, et il sera bien heureux de vous trouver ici.

— D'autant qu'il arrivera joyeux et chantant comme de coutume, n'est-ce pas, la barrette sur l'oreille, l'œil trouble et les jambes avinées? Un ouvrier qui s'absente à l'heure du travail pour aller au cabaret sera un guide fort sûr, en effet, pour m'aider à grimper toutes vos échelles.

— Mon père, Valerio n'est point au cabaret. Il s'est absenté pour les fournitures de notre métier. Je l'ai envoyé à la fabrique en chercher quelques échantillons d'émail qu'on a été obligé de cuire exprès pour moi, et dont la nuance exacte est très-difficile à obtenir.

— En ce cas, vous pourrez lui souhaiter le bonjour de ma part; car il y a bien deux lieues d'ici à Murano, et il a l'eau contraire [1], ce qui peut s'entendre de deux façons. C'est pourquoi il aura beaucoup de vin en compagnie de ses bateliers, et la rame ne fera pas mieux son métier aujourd'hui que la truelle.

— Mon père, on vous a fait de faux rapports sur le compte de Valerio, répondit le jeune homme en s'animant. Il aime le plaisir et le vin de Chypre, j'en conviens; mais il n'en est pas moins diligent. C'est un excellent ouvrier, et, quand je le charge d'une commission, il s'en acquitte avec une exactitude et une intelligence qui ne laissent rien à désirer.

— Valerio! voilà messer Valerio! » cria du haut des planches l'apprenti Bartolomeo, qui voyait par un des

[1]. *Acqua contraria*, le reflux qui se fait sentir sur les lagunes et rend la navigation très-difficile à certaines heures.

jours de la coupole le débarquement des gondoles aux degrés de la Piazzetta.

Peu d'instants après, Valerio, suivi de ses ouvriers portant un grand panier de verroterie, entra dans la basilique d'un air dégagé, et chantant d'une voix fraîche et sonore, sans trop de respect pour le lieu saint, le refrain d'une chanson d'amour.

Mais aussitôt qu'il eut aperçu son père, il se découvrit et cessa de chanter; puis il s'approcha sans trouble et l'embrassa avec l'assurance et la candeur d'une âme droite.

Zuccato fut frappé de sa bonne tenue, de son air riant et ouvert. Valerio était le plus beau garçon de Venise.

Il était moins grand, mais mieux découplé et plus robuste que son frère. L'expression de son admirable visage n'offrait, au premier abord, qu'enjouement, courage et franchise. Il fallait de l'attention pour découvrir dans ses grands yeux bleus le feu sacré qui sommeillait souvent à l'ombre d'une douce insouciance, et dont un peu de fatigue avait, sinon altéré, du moins voilé l'éclat. Cette demi-pâleur ennoblissait sa beauté et tempérait l'audacieuse sérénité de son regard. Il était toujours d'une grande coquetterie dans sa toilette, et donnait le ton aux plus brillants seigneurs de la république. Il était recherché par eux et par les dames à cause du talent qu'il avait pour composer et dessiner des ornements que l'on faisait ensuite exécuter, sous sa direction, en broderie d'or et d'argent, sur les plus riches étoffes. Une toque de velours entourée d'une grecque de la façon de Valerio Zuccato, une frange de robe taillée sur ses modèles, une bordure de manteau en drap d'or brodé de soies nuancées avec des enroulements de chaînes, de fleurs ou de feuillages dans le goût des mosaïques byzantines, étaient, aux yeux d'une dame de bonne maison ou d'un seigneur de mœurs élégantes, des objets de première nécessité. Valerio gagnait donc beaucoup d'argent à cette industrie qui le délassait de ses travaux et de ses plaisirs, et qu'il exerçait dans son petit atelier à *Santi-Filippo-e-Giacomo*, à l'ombre d'un certain mystère auquel tout le monde était initié bénévolement. Sa bonne mine, sa belle humeur, ses relations avec les magnifiques patriciens et les joyeux ouvriers remplissaient son atelier à toute heure, l'avaient entraîné nécessairement à la vie de plaisir; mais son activité naturelle et sa fidélité à remplir tous les engagements d'un travail quelconque le préservaient de tomber dans l'excès d'un désordre qui eût ruiné son génie.

Une tendre et inaltérable amitié unissait les deux frères; ils réussirent à vaincre la feinte résistance du vieux Zuccato, et, faisant dresser deux échelles latérales près de celle où il se risqua, ils le soutinrent et l'enlevèrent presque jusqu'au dernier étage de leurs échafauds. Le Tintoret, déjà vieux, mais encore ferme et habitué à faire son atelier des vastes coupoles de la basilique, les y suivit afin d'être témoin de la surprise de Sébastien.

Le sentiment de terreur religieuse que le vieillard avait éprouvé d'abord fit place à un ravissement involontaire, lorsque, parvenu au niveau des grandes figures d'évangélistes et de prophètes qui occupaient les premiers plans, il vit toutes les parties terminées de cette vaste et merveilleuse composition. Ici le *transito* de la Vierge, traité d'après le Salviati; plus loin la résurrection de Lazare, scène effrayante, où le cadavre, revêtu des tons clairs du linceul, semble flotter avec incertitude sur le fond brillant de la muraille, le saint Marc du Titien, personnage grandiose, qui est porté par le croissant de la lune, comme par une nacelle, et semble enlevé dans les cieux resplendissants par un mouvement d'ascension appréciable à la vue; le grand feston du cintre soutenu par de beaux enfants ailés; et, au-dessus de ces nombreux chefs-d'œuvre, la vision de saint Jean, où les damnés sont précipités dans les enfers, tandis que les élus du Seigneur, vêtus de blanc et montés sur de blancs coursiers, se perdent dans l'éclat adouci et dans le rayonnement vague de la coupole, comme une nuée de cygnes dans la vapeur embrasée du matin.

Zuccato essaya bien encore de lutter contre l'admiration qu'il éprouvait, en attribuant l'effet de son saisissement à la magie de la lumière jouant sur les objets, à la situation favorable et à la dimension imposante des figures. Mais, quand le Tintoret le contraignit à s'approcher du feston afin d'en apprécier les détails, il fut forcé d'avouer qu'il n'aurait jamais cru l'art de la mosaïque susceptible d'une telle perfection, et que les angelots voltigeant parmi ces guirlandes pouvaient rivaliser, pour la couleur et pour la forme, avec la peinture des plus grands maîtres.

Mais toujours avare de louanges et rebelle à sa secrète satisfaction, le vieillard prétendit que ce n'était là qu'un mérite d'exactitude et un travail de patience. « Tout l'honneur, dit-il, revient au maître qui a tracé les modèles de ces groupes et dessiné le détail de ces ornements.

— Mon père, repartit Francesco avec une fierté modeste, si vous daignez me permettre de vous montrer les cartons des maîtres, vous nous accorderez peut-être le mérite d'avoir, sinon créé, du moins compris nos modèles avec quelque intelligence.

— Je le veux, dit Tintoret; je veux que mes cartons de l'Apocalypse fassent preuve du talent de peintre qui distingue Francesco et Valerio Zuccato de tous les artistes de leur classe. »

Plusieurs modèles furent exhibés, et Sébastien put se convaincre de la science avec laquelle les Zuccati travaillaient en maîtres d'après les maîtres, traçaient eux-mêmes le dessin élégant et pur de leurs sujets, et créaient leur merveilleuse couleur, d'après la simple indication du peintre. Valerio, après s'être un peu fait prier par son frère, avoua même qu'il était l'auteur de plusieurs figurines, et, à son tour, dévoilant le secret de Francesco, il indiqua à son père deux beaux archanges volant l'un vers l'autre; l'un, enveloppé d'une draperie verte, était son propre ouvrage; l'autre, vêtu de bleu turquin, était l'ouvrage de Francesco, composé et exécuté de même sans l'aide d'aucun peintre.

Zuccato se laissa conduire vers ces figures, qui étaient réellement aussi belles qu'aucune de celles dont le modèle avait été fourni. Francesco avait donné à son jeune archange les traits de son frère Valerio, et, réciproquement l'archange de Valerio était le portrait de Francesco. Ils avaient employé des compartiments d'une finesse extrême pour exécuter cette œuvre chérie, et l'avaient placée modestement dans un angle obscur, où les regards de la foule ne pouvaient atteindre. Le vieux Zuccato resta longtemps immobile et muet devant le couple et, confus de voir l'erreur orgueilleuse de toute sa vie si glorieusement réfutée, il fut pris d'un terrible accès d'humeur. Il descendit l'échelle et reprit son manteau des mains de Valerio avec beaucoup de sécheresse, sans daigner lui adresser un mot d'encouragement, non plus qu'à son frère; et, saluant à peine le Tintoret, il franchit, d'un pas plus ferme qu'on ne s'y serait attendu de sa part, le seuil de la basilique. Mais il n'eut pas descendu la première marche que, cédant au besoin impérieux de son âme, il se retourna, et, ouvrant ses bras à ses deux fils qui s'y précipitèrent, il les pressa longtemps contre sa poitrine en arrosant de larmes leurs belles chevelures.

III.

« Allons, vive la joie! par le corps du diable! l'ouvrage avance! Ici du mastic! petit singe noir! Maso! m'entendez-vous?... Vincent, mon frère, de par le diable! n'accaparez pas tous les apprentis. Faites descendre vers moi un de vos séraphins barbouillés, afin que je ne sois pas retardé. Ah! sang de Bacchus! si je lance mon battoir à la tête de ce marsouin de Maso, il est à craindre que la république ne revoie de longtemps une aussi laide figure. »

Ainsi criait du haut de son échafaudage, un géant à barbe rousse qui dirigeait les travaux de la chapelle de Saint-Isidore, cette partie de la basilique de Saint-Marc ayant été confiée à Dominique Bianchini, dit le Rouge, et à ses deux frères, émules et rivaux des frères Zuccati dans l'art de la mosaïque.

« Vous tairez-vous, grosse cloche? Prendrez-vous patience, minaret de cuivre rouge? cria de son côté le hargneux Vincent Bianchini, l'aîné des trois frères; n'avez-vous pas vos apprentis? Faites-les marcher, et laissez les miens faire leur devoir. N'avez-vous pas Jean Viscentin, ce joli fromage blanc des Alpes? Où avez-vous envoyé Reazo, votre bœuf enrhumé, qui chante si bien au lutrin le dimanche? Je gage que tous vos garçons courent les cabarets à cette heure pour trouver une bouteille de vin à crédit sous votre nom. S'il en est ainsi, ils ne rentreront pas de si tôt.

— Vincent, répondit Dominique, bien vous prend d'être mon frère et mon associé; car je pourrais d'un coup de pied faire crouler votre échafaudage et envoyer votre illustre personne et tous vos jolis apprentis étudier la mosaïque sur le pavé.

— Si tu en avais seulement la pensée, cria d'une voix aigre Gian-Antonio Bianchini, le plus jeune des trois frères, en secouant le pied de l'échelle sur laquelle travaillait Dominique, je te ferais voir que les plus haut perchés ne sont pas les plus solides. Ce n'est pas que je me soucie de la peau de Vincent plus que de la tienne; mais je n'aime pas les fanfaronnades, vois-tu, et, depuis quelques jours, je trouve que tu prends tantôt avec lui, tantôt avec moi, un ton qu'on ne peut souffrir.

Le farouche Dominique jeta sur le jeune Antonio un regard sombre, et se laissa balancer sur l'échelle pendant quelques instants, sans dire un seul mot. Puis, aussitôt qu'Antonio fut remis à broyer son ciment sous le portique, il descendit, jeta son tablier et sa toque, retroussa ses manches et s'apprêta à lui infliger une rude correction.

Le prêtre Alberto Zio, qui était aussi un mosaïste distingué, et qui, monté sur une échelle, réparait en cet instant un des tympans de la porte extérieure, se hâta de descendre afin de séparer les combattants, et Vincent Bianchini, accourant à grands pas du fond de la chapelle, son battoir à la main, s'apprêta à entrer dans la lice, plus par ressentiment contre Dominique que par intérêt pour Antonio.

Le prêtre, ayant vainement essayé de les ramener à des sentiments plus chrétiens, se servit, pour les apaiser, d'un argument qui manquait rarement son effet.

« Si les Zuccati vous entendent, leur dit-il, ils vont triompher de vos discordes, et s'imaginer que, grâce à leur douceur et à leur bonne intelligence, ils travaillent mieux que vous.

— C'est juste, dit Dominique le Rouge en reprenant son tablier; nous viderons la querelle, ce soir, au cabaret. Pour le moment, il ne faut pas donner d'armes contre nous à nos ennemis. »

Les deux autres Bianchini se rangèrent à cet avis, et, tandis que chacun d'eux chargeait sa raclette du ciment nouvellement préparé, le père Alberto, entrant en conversation, leur dit :

« Vous avez tort, mes enfants, de regarder les Zuccati comme vos ennemis. Ils sont vos émules, voilà tout. S'ils travaillent d'après d'autres procédés que les vôtres, ils n'en reconnaissent pas moins le mérite de votre ouvrage. J'ai même entendu souvent leur premier apprenti, Bartolomeo Bozza, dire que votre *cimentation* était d'une qualité supérieure à la leur, et que les Zuccati le reconnaissaient de bonne foi.

— Quant à Bartolomeo Bozza, répondit Vincent Bianchini, je ne dis pas le contraire; c'est un bon ouvrier et un robuste compagnon. Je ne suis pas éloigné de lui faire un avantage pour l'embaucher à mon service; mais ne me parlez pas de ces Zuccati. Il n'y a pas de pires intrigants dans le monde, et, si leur talent répondait à leur ambition, ils évinceraient tous leurs rivaux. Heureusement la paresse les ronge; l'aîné perd son temps à imaginer des sujets inexécutables, et le plus jeune fait un travail de contrebande à *San-Filippo*, dont il mange le fruit avec des gens au-dessus de sa condition.

— L'astre des Zuccati pourrait bien tomber des nuées, malgré toutes les protections des peintres, dit l'envieux Dominique, si on voulait s'en donner la peine.

— Comment cela? s'écrièrent les deux autres; si tu sais un moyen de les humilier, dis-le, et que tes torts envers nous te soient remis.

— Je ne me soucie pas plus de vous que d'eux, répliqua Dominique; seulement, je dis qu'il n'est pas impossible de prouver qu'ils abusent de leur salaire, en faisant de mauvaise besogne, et que par conséquent ils volent les deniers de la république.

— Vous êtes méchant, messer Dominique, dit le prêtre avec sévérité. Ne parlez pas ainsi de deux hommes qui jouissent de l'estime générale; vous donneriez à penser que vous êtes jaloux de leurs avantages.

— Oui, j'en suis jaloux! s'écria Dominique en frappant du pied. Et pourquoi n'en serais-je pas jaloux? N'est-ce pas une injustice, de la part des procurateurs, de leur donner cent ducats d'or par an, tandis que nous n'en avons que trente, nous qui travaillons depuis bientôt dix ans à l'arbre généalogique de la Vierge? J'ose dire que ce travail énorme n'eût pu être mené à moitié, quand même les Zuccati y auraient consacré toute leur vie. Combien de mois leur faut-il pour faire seulement un pan de robe ou une main d'enfant? Qu'on les observe un peu, et on verra ce que leur beau talent coûte à la république.

— Ils vont moins vite que vous, il est vrai, répondit le prêtre; mais quelle perfection de dessin, quelle richesse de couleur!

— Si vous n'étiez pas un prêtre, répliqua Vincent en haussant les épaules, on vous apprendrait à parler. Vous feriez mieux de retourner à votre confessionnal et à votre encensoir, que de juger des choses auxquelles vous n'entendez rien.

— Messer! qu'osez-vous dire là? s'écria Alberto un peu offensé. Vous oubliez que je savais le métier avant que vous en eussiez les premières notions, et que je suis le meilleur disciple de notre maître à tous, de l'ingénieux Rizzo, le digne successeur de nos vieux maîtres gypsoplastes.

— Ingénieux tant que vous voudrez; il ne faut pas tant d'imagination et tant de corps du Christ! pour travailler la mosaïque. Il faut ce qui vous manque, à vous autres prêtres, et à ces fainéants de Zuccatti; il faut des bras infatigables, des reins de fer, de la précision et de l'activité. Dites la messe, père Alberto, et laissez-nous tranquilles.

— Pas de bruit! dit Antonio, voilà ce vieux sournois de Sébastien Zuccato qui passe. Comme ses fils le reconduisent avec des coups de barrette et des baisements de mains! Ne dirait-on pas d'un doge escorté de ses sénateurs? Cela tranche de l'illustrissime, et cela ne sait pas tenir le tampon!

— Silence! dit Vincent, voilà messer Robusti qui vient regarder notre ouvrage.

Ils se découvrirent tous les trois, plus par crainte du crédit du maître que par respect pour son génie, qu'ils n'étaient pas capables d'apprécier. Le père Alberto marcha à sa rencontre et le promena dans la chapelle de Saint-Isidore. Le Tintoret donna un coup d'œil aux panneaux incrustés, accorda des éloges aux réparations de l'antique mosaïque grecque, confiées au prêtre, et se retira en saluant profondément les Bianchini, sans leur adresser la parole; car il n'estimait ni leurs ouvrages ni leurs personnes.

IV.

Quand la journée de travail fut finie, les Zuccati ayant soupé avec leurs principaux apprentis, Bozza, Marini et Ceccato (qui tous plus tard furent d'excellents artistes), dans une petite *bottega* où ils avaient coutume de se rassembler sous les Procuraties, Valerio s'apprêtant à courir à ses affaires ou à ses plaisirs, son frère le retint et lui dit:

« Pour aujourd'hui, mon cher Valerio, il faut que tu me fasses le sacrifice d'une partie de ta soirée. Je me retire de bonne heure, tu le sais; tu auras donc encore du temps de reste quand nous aurons causé.

— J'y consens, répondit Valerio; mais c'est à condition que nous allons prendre une barque de régate, et courir un peu le flot; car je me sens brisé par le travail de la journée, et je ne puis me reposer d'une fatigue que par une autre.

— Je ne saurais t'aider à la rame, répondit Francesco; je n'ai pas la santé robuste, mon cher Valerio, et comme je ne veux pas manquer à mon travail de demain, il ne faut pas que je me fatigue ce soir; mais comme, si je te refuse ce divertissement, je vois bien que je ne pourrai obtenir de toi que tu me consacres ces deux ou trois heures, je vais prier Bozza d'être de la partie; c'est un digne garçon, il ne sera pas de trop dans l'entretien que je veux avoir avec toi. »

Bartolomeo Bozza accepta cette offre avec empressement, fit avancer une des barques les mieux décorées, et saisit une rame, tandis que Valerio s'empara de l'autre. Chacun, debout à une extrémité de la barquette, l'enleva d'un bras vigoureux et la fit bondir sur les ondes écumantes. C'était l'heure où le beau monde allait jouir, sur le grand canal, de la fraîcheur du soir. L'étroite nacelle se glissa rapide et furtive parmi les gondoles, comme un oiseau des mers qui fuit le chasseur en volant au ras des herbes marines. Mais, malgré l'agilité et le silence des rameurs, tous les regards s'attachèrent sur eux, et toutes les dames se penchèrent sur leurs coussins pour voir plus longtemps le beau Valerio, dont la grâce et la force faisaient envie aux patriciens comme aux gondoliers, et dont les regards offraient un mélange singulier d'audace et de candeur. Le Bozza était aussi un garçon robuste, bien fait, quoique maigre et pâle. Un feu sombre brillait dans ses yeux noirs, une barbe épaisse couvrait la moitié de ses joues, et quoique ses traits manquassent de régularité, il fixait l'attention par leur expression triste et dédaigneuse. Maigre et pâle aussi, mais noble et non arrogant, mélancolique et non chagrin, Francesco Zuccato, couché au fond de la barque sur un tapis de velours noir, appuyé nonchalamment sur un de ses coudes, et plongé dans une rêverie qui ne lui permettait guère de s'occuper de la foule, partageait avec Valerio les suffrages des dames et ne s'en apercevait pas.

Quand ces trois jeunes gens eurent remonté tout le canal, ils errèrent doucement sur les lagunes, dans des endroits fréquentés; puis, se laissant aller à la dérive, couchés dans la barque, sous un beau ciel semé d'innombrables étoiles, ils causèrent sans contrainte.

« Mon cher Valerio, dit l'aîné des Zuccati je vais encore vous obséder de mes représentations: mais il faut absolument que vous me promettiez de mener une vie plus sage.

— Tu ne pourras jamais m'obséder, mon frère bien-aimé, répondit Valerio, et ta sollicitude me trouvera toujours reconnaissant. Mais je ne puis te promettre de changer. Tu me trouve si bien de cette vie que je mène! je suis heureux autant qu'un homme peut l'être. Pourquoi veux-tu que je m'abstienne de bonheur, toi qui m'aimes tant?

— Cette vie te tuera, s'écria Francesco; il est impossible de mener de front, comme tu le fais, le plaisir et la fatigue, la dissipation et le travail.

— Cette vie m'anime et me soutient, au contraire! reprit Valerio. Qu'est-ce que la vie dans les desseins de Dieu, sinon une continuelle alternative de jouissances et de privations, de fatigue et d'activité? Laisse-moi faire, Francesco, et ne juge pas mes forces d'après les tiennes. La nature a été certainement inconséquente, en ne donnant pas au meilleur et au plus estimable de nous deux la santé la plus forte et le caractère le plus enjoué. Mais tant d'autres dons te sont échus, que tu peux bien, cher Francesco, ne pas m'envier ceux-là.

— Je ne te les envie pas, dit Francesco, quoique ce soient les plus précieux de tous, et qu'eux seuls nous rendent propres à sentir le bonheur. Il m'est doux de penser qu'un frère que j'aime plus que moi-même ne souffre pas dans son corps et dans son âme les maux et les ennuis qui me rongent. Mais il n'est pas question de cela seulement, Valerio; vous tenez certainement à votre état, à l'amitié des maîtres illustres, à la protection du sénat, aux bonnes grâces des procurateurs...

— Moi, mon frère, s'écria l'insouciant jeune homme, sauf l'amitié de notre cher compère Tiziano et la bienveillance de Robusti (deux hommes que je vénère), sauf la tendresse de mon père et celle de mon frère, que je préfère à tout au monde, tout le reste à mes yeux est de peu d'importance, et il ne me faudrait pas deux bouteilles de Scyros pour me consoler de la perte de mon emploi et de la disgrâce du sénat.

— Vous tenez du moins à l'honneur, dit Francesco avec gravité, à l'honneur de notre père, au vôtre, dont je me suis porté garant, et dont le mien répond.

— Certes! s'écria Valerio en se relevant sur un de ses coudes avec vivacité; où veux-tu en venir?

— A te dire que les Bianchini conspirent contre nous, et qu'ils peuvent nous faire perdre, je ne dis pas seulement la position avantageuse et le riche salaire auxquels tu as la philosophie de préférer le vin de Scyros et les parties de plaisir, mais la confiance du sénat, et partant l'estime des citoyens.

— Evohe! dit Valerio, je voudrais bien voir cela! Allons trouver ces Bianchini, s'il en est ainsi, et proposons-leur un cartel. Ils sont trois; notre ami Bozza sera notre troisième. Le bon droit est pour nous, nous ferons un vœu à la Madone, et nous serons délivrés de ces traîtres.

— Folie que tout cela! dit Francesco; les puissances divines ne se déclarent point en faveur des provocateurs, et nous le serions si nous appelions au combat des hommes contre lesquels nous n'avons encore aucun grief prouvé. D'ailleurs les Bianchini répondraient à l'offre de croiser la dague, comme ils ont coutume de le faire, en aiguisant le stylet, afin de nous frapper dans l'ombre. Ce sont des adversaires insaisissables. Ils ne nous offenseront jamais ouvertement, tant que nous serons sous la protection des puissants; et quand ils nous feront savoir qu'ils nous haïssent, nous serons déjà perdus. Au reste, c'est ce que je crains un peu. Vincent, toujours si poli envers moi, commence à ne plus me saluer quand je passe devant ses échafauds. Ce matin, tandis que nous reconduisions notre père au bas des marches de la basilique, il m'a semblé voir, sous le portique, les trois Bianchini qui nous observaient malignement et nous tournaient en dérision. La haine, concentrée depuis longtemps au fond de leurs âmes, commence à briller dans leurs yeux. Bozza peut te dire, d'ailleurs, que mainte fois, après la journée close, ou le matin, lorsqu'il arrivait au travail le premier, il a surpris Vincent ou Dominique Bianchini sur nos échafauds, observant avec une attention scrupuleuse les moindres détails de notre ouvrage.

— Bah! tout cela ne prouve pas grand'chose! S'ils ne vous saluent pas, c'est qu'ils sont naturellement grossiers; s'ils nous ont regardés de travers ce matin, c'est qu'ils vous enviaient sans doute un bon père; s'ils examinent notre travail, c'est qu'ils voudraient étudier les causes de notre supériorité. Sont-ce là des motifs d'inquiétude?

— Pourquoi donc, au lieu de causer naturellement avec le Bozza lorsqu'il le rencontre sur nos planches, se retirent-ils lestement par les échelles opposées, comme des gens qui viennent de faire un mauvais coup?

— Si je les y rencontre, moi, s'écria Valerio en serrant le poing, il faudra bien qu'ils s'expliquent, ou, par Bacchus! je les en ferai descendre plus vite qu'ils n'y seront montés.

— Ce sera envenimer le mal. Pour venger celui que vous aurez maltraité, les deux autres se ligueront contre vous jusqu'à la mort. Croyez-moi, les moyens les plus honnêtes sont toujours les plus sages. Soyons modérés, et gardons la noble attitude qui convient à des gens de cœur. De généreux procédés les ramèneront peut-être; du moins ils donneront tort à leur animosité; et, s'ils nous persécutent, nous obtiendrons justice.

— Mais enfin, frère, quelle persécution peuvent-ils donc nous susciter? Quel pouvoir ont-ils pour nous nuire? Prouveront-ils que nous ne travaillons pas aussi bien qu'eux?

— Ils diront que nous ne travaillons pas aussi vite, et il leur sera aisé de le prouver.

— Nous prouverons qu'il est aisé de travailler vite quand on travaille mal, et que la perfection du travail ne souffre pas la précipitation.

— Cela n'est pas bien facile à prouver. Entre nous soit dit, le procurateur-caissier, commis à l'examen des travaux, n'est point un artiste. Il ne voit dans la mosaïque qu'une application de parcelles coloriées plus ou moins brillantes. La vérité des tons, la beauté du dessin, l'entente de la composition, ne sont rien pour lui. Il ne voit que ce qui frappe le public grossier, l'éclat et la promptitude du travail. N'ai-je pas vainement essayé l'autre jour de lui faire comprendre que les anciens morceaux de cristal dorés, employés par nos ancêtres et un peu ternis par le temps, étaient plus favorables à la couleur que ceux que la fabrique nous fournit aujourd'hui? « Vous vous êtes fait tort, messer Francesco, m'a--il dit, en abandonnant aux Bianchini tous les ors de fabrique moderne. La commission avait décidé que les anciens serviraient mêlés avec les nouveaux. Je ne conçois pas pourquoi vous vous êtes réservé les premiers. Pensez-vous donc que ce mélange de vieux or et d'or moderne eût fait un mauvais effet? En cela vous sembleriez vouloir être meilleur juge que les procurateurs de la commission. »

— Et vous m'avez donné grande envie de rire, interrompit Valerio, lorsque vous lui avez répondu de l'air le plus sérieux : « Monseigneur, je n'ai pas cette insolente prétention. »

— Mais n'ai-je pas vainement essayé de lui démontrer, reprit Francesco, que cet or éclatant nuisait aux figures et écrasait complètement l'effet des couleurs? que mes étoffes ne peuvent ressortir que sur un fond rougeâtre, et que, si j'avais adopté les fonds étincelants, j'aurais été forcé de sacrifier toutes les nuances et de faire des chairs violacées et sans contours, des étoffes sans plis et sans reflets?

— Il vous a donné, reprit Valerio en riant, une raison sans réplique et d'un ton fort sec. « Les Bianchini ne se gênent pas pour le faire, a-t-il dit, et leurs mosaïques plaisent beaucoup mieux à l'œil que les vôtres. » De quoi vous inquiétez-vous après une pareille solution? Supprimez les nuances, taillez-moi des pans d'étoffe dans une grande lame d'émail, et appliquez-la sur le ventre de saint Nicaise; faites à sainte Cécile une belle chevelure avec une tuile mal cuite, à saint Jean-Baptiste un joli agneau avec une poignée de chaux vive, et la commission doublera votre salaire, et le public battra des mains. Pardieu! mon frère, vous qui rêvez la gloire, je ne conçois pas que vous vous obstiniez au culte de l'art.

— Je rêve la gloire, il est vrai, répondit Francesco, mais une gloire durable, et non la vaine popularité d'un jour. Je voudrais laisser un nom honoré, sinon illustre, et faire dire à ceux qui examineront les coupoles de Saint-Marc dans cinq cents ans : « Ceci fut l'ouvrage d'un artiste consciencieux. »

— Et qui vous dit que, dans cinq cents ans, le public sera plus éclairé qu'aujourd'hui! dit le Bozza d'une voix creuse, et rompant le silence pour la première fois.

— Il y aura du moins toujours des connaisseurs pour reviser les jugements du public, et c'est aux connaisseurs de tous les temps que j'ai l'ambition d'agréer. Est-ce une ambition condamnable, Valerio?

— C'est une ambition noble, mais c'est une ambition, et toute ambition est une maladie de l'âme, répondit le jeune Zuccato.

— Une maladie, reprit Francesco, sans laquelle pourtant l'intelligence ne saurait vivre et languirait dans l'ombre sans éclairer le monde. C'est le vent qui tire l'étincelle du charbon, qui agite la flamme et l'étend au

Le Tintoret et le vieux Zuccato.

loin. Sans cette brise céleste, point de chaleur, point de lumière, point de vie.

— J'ai la prétention de n'être pas mort, s'écria Valerio, et pourtant ce vent d'orage n'a jamais soufflé sur moi. Je sens que l'étincelle de la vie jaillit à toute heure de ma poitrine et de mon cerveau. Mais pourvu que je sois échauffé par la flamme divine, et que je me sente vivre, peu m'importe que la lumière émane de moi ou d'autre chose. Toute lumière vient du foyer divin ; qu'est-ce que l'auréole d'une tête humaine ? Gloire au génie incréé ! La gloire de l'homme n'est pas plus en lui-même que le soleil n'est dans les eaux qui répètent son image.

— Peut-être ! dit Francesco en levant au ciel ses grands yeux bruns humides de larmes. Peut-être est-ce une folie et une vanité que de se croire quelque chose, parce qu'à force de se rapprocher de l'idéal par la pensée, on en est venu à concevoir le beau un peu mieux que les autres hommes. Et pourtant de quoi l'homme se glorifiera-t-il, si ce n'est de cela ?

— Pourquoi faut-il que l'homme se glorifie ? Pourvu qu'il jouisse, n'est-il pas assez heureux ?

— La gloire n'est-elle pas la plus sensible, la plus âpre, la plus ardente de ses jouissances ! » dit le Bozza d'un ton incisif en tournant ses regards vers Venise.

C'était l'heure où la reine de l'Adriatique, semblable à une beauté qui se couvre de diamants pour le bal, commençait à s'illuminer, et les guirlandes de feu se répétaient dans les ondes calmes et muettes, comme dans un miroir habité à l'admirer.

« Tu fais abus des mots, ami Bartolomeo, s'écria le jeune Valerio en donnant un grand coup de rame dans l'eau phosphorescente, et en faisant jaillir un pâle éclair autour des flancs noirs de la barque. La plus ardente des jouissances humaines, c'est l'amour ; la plus sensible, c'est l'amitié ; la plus âpre, c'est en effet la gloire. Mais qui dit âpre dit poignant, terrible et dangereux.

— Mais ne peut-on dire aussi que cette âpre jouissance est la plus élevée de toutes ? reprit Francesco avec douceur.

— Je ne saurais le penser, répondit Valerio. Ce qu'il y a de plus doux, de plus noble et de plus bienfaisant dans la vie, c'est d'aimer, c'est de sentir et de concevoir le beau idéal. Voilà pourquoi il faut aimer tout ce qui s'en

Le Bozza.

rapproche, le rêver sans cesse, le chercher partout, et le prendre tel qu'on le trouve.

— C'est-à-dire, répliqua Francesco, embrasser de vains fantômes, saisir de pâles reflets, fixer une ombre incertaine, adorer le spectre de ses propres illusions ; cela s'appelle-t-il jouir et posséder ?

— Mon frère, si tu n'étais pas un peu malade, dit Valerio, tu ne parlerais pas ainsi. L'homme qui désire en cette vie mieux que cette vie est un orgueilleux qui blasphème ou un ingrat qui souffre. Il y a d'assez grandes jouissances pour quiconque sait aimer. N'y eût-il que l'amitié sur la terre, l'homme n'aurait pas le droit de se plaindre. N'eussé-je que toi au monde, je bénirais encore le ciel. Je n'ai jamais imaginé rien de meilleur, et, si Dieu m'eût permis de me créer un frère, je n'aurais pu rien créer d'aussi parfait que Francesco. Va, Dieu seul est un grand artiste ! et ce que nous lui demandons dans nos jours de folie ne vaut pas ce qu'il nous donne dans son immuable sagesse.

— Ah ! mon cher Valerio, s'écria Francesco en serrant son frère dans ses bras, tu as bien raison, je suis un orgueilleux et un ingrat. Tu vaux mieux que nous tous,

et tu es bien la preuve vivante de ce que tu dis. Oui, en effet, mon âme est malade ! Guéris-moi par ta tendresse, toi dont l'âme est si saine et si forte. Sainte Vierge ! priez pour moi ; car j'ai été bien coupable, ayant un si bon frère , en commettant le péché de tristesse.

— Et pourtant, reprit Valerio en souriant, le proverbe dit : « Point de grand artiste sans beaucoup de tristesse. »

— Et sans un peu de haine, ajouta le Bozza d'un air sombre.

— Oh ! les proverbes mentent toujours à moitié, répondit Valerio, par la raison que tout proverbe, ayant sa contre-partie, dit le faux et le vrai en même temps. Francesco est un grand artiste, et je gagerais mon corps et mon âme qu'il n'a jamais connu la haine.

— Jamais envers les autres, dit Francesco; envers moi-même fort souvent , et c'est là le crime de mon orgueil. Je voudrais toujours être meilleur et plus habile que je ne le suis en effet. Je voudrais qu'on m'aimât à cause de mon mérite, et non à cause de ma souffrance.

— On t'aime à cause de l'un et de l'autre, s'écria Valerio; mais peut-être que tous les hommes ne sont pas propres à se contenter de l'affection. Peut-être, sans le besoin d'être admiré, n'y aurait-il ni grands artistes ni chefs-d'œuvre. L'admiration des indifférents est une amitié dont on n'a que faire. On la trouve indispensable pourtant. Ce besoin est si étrange, qu'il faut bien qu'il serve à quelque chose dans les desseins de Dieu.

— Il sert à nous faire souffrir, et Dieu est souverainement injuste, dit Bartolomeo Bozza en se recouchant dans la barque avec une sorte de désespoir.

— Ne parle pas ainsi! s'écria Valerio. Vois, mon pauvre camarade, comme la mer est belle là-bas sous l'horizon! Écoute comme cette guitare qui passe soupire de doux accords! Est-ce que tu n'as pas une maîtresse, Bartolomeo? est-ce que nous ne sommes pas tes amis?

— Vous êtes des artistes, répondit Bozza, et je ne suis qu'un apprenti.

— Cela nous empêche-t-il de t'aimer?

— Cela ne doit pas vous empêcher de m'aimer; mais, moi, cela m'empêche de vous aimer autant que je le ferais si j'étais votre égal.

— Pardieu! à ce compte, je n'aimerais pas grand monde, dit Valerio; car je n'ai d'artiste que le titre, et je ne suis, à vrai dire, qu'un artisan. Tous ceux que je chéris sont au-dessus de moi, à commencer par mon frère, qui est mon maître. Mon père était un bon peintre; Vicelli et Robusti sont des colosses devant lesquels je ne suis rien; et pourtant je les aime, et je n'ai jamais songé à souffrir de mon infériorité. Artistes! artistes! vous êtes tous les enfants de la même mère; elle s'appelait Convoitise! et vous tenez d'elle tous plus ou moins. C'est ce qui me console de n'être qu'un écervelé.

— Ne dites pas cela, Valerio, repartit le frère aîné. Si vous daigniez en donner la peine, vous seriez le premier mosaïste de votre temps; votre nom effacerait celui du Rizzo, et le mien ne viendrait qu'à la suite du vôtre.

— J'en serais bien fâché. Par saint Théodose! sois toujours le premier. Sainte fainéantise! préserve-moi d'un si fâcheux honneur!

— Ne prononce pas ce blasphème, Valerio; l'art est au-dessus de toutes les affections.

— Quiconque aime l'art aime la gloire, ajouta Bozza, toujours triste et lugubre comme une grosse note de cuivre au milieu d'un chant joyeux et tendre; quiconque aime la gloire est prêt à lui tout sacrifier.

— Grand merci! s'écria Valerio; quant à moi, je ne lui sacrifierai jamais rien. Foin de la prostituée! Et pourtant j'aime l'art, vous le savez, vous autres, bien qu'on m'accuse de n'aimer que les femmes. Il faut que je l'aime bien, puisque je lui sacrifie la moitié d'une vie que je me sens de force à consacrer tout entière au plaisir. Jamais je ne suis si heureux que quand je travaille. Quand je réussis, je ferais sauter mon bonnet par-dessus la grande tour de Saint-Marc. Si j'échoue, rien ne me décourage, et l'espèce de colère que j'éprouve contre moi est encore un plaisir du genre de celui que procurent un cheval rétif, une mer houleuse, un vin brûlant. Mais l'approbation d'autrui ne me stimule pas plus que ne le ferait un coup de bonnet des seigneurs Bianchini. Quand Francesco, cet autre moi-même, m'a dit : « Cela va bien », je suis satisfait. Quand mon père, en regardant mon archange, souriait malgré lui ce matin, tout en fronçant le sourcil, j'étais heureux. A présent, que le procurateur-caissier dise que Dominique le Rouge fait mieux que moi, tant pis pour le procurateur-caissier; je ne pousserai pas la compassion jusqu'aux larmes. Que le bon peuple de Venise trouve que je n'ai pas mis assez de brique dans mes chairs et assez d'ocre dans mes draperies, evviva glumento! Si tu n'étais pas si sot, tu ne me ferais pas tant rire, et ce serait dommage; car je ris de bon cœur!

— Heureuse, trois fois heureuse insouciance! » s'écria Francesco.

En devisant ainsi, ils se rapprochaient de la ville. Quand ils furent près de la rive : « Avant que je vous quitte, dit Valerio, il faut conclure. De quoi vous plaignez-vous? qu'exigez-vous de moi? Que je cesse de me divertir? autant vaudrait empêcher l'eau de couler.

— Que tu te divertisses moins publiquement, répondit Francesco, et que tu renonces, pour quelque temps du moins, à ton atelier de San Filippo. Tout cela peut être mal interprété. On demande déjà comment cette prodigieuse quantité d'arabesques que tu dessines, et de menus travaux auxquels tu te prêtes, peut se concilier avec le travail de la basilique. Si je ne connaissais ton activité infatigable, je n'y comprendrais rien moi-même; et si je ne voyais par mes yeux avancer ta besogne, je ne croirais pas que deux ou trois heures de sommeil, après des nuits de plaisir et de bruit, pussent suffire à un ouvrier attaché tout le jour à un travail pénible. Empêche tes nombreuses connaissances, et surtout ces jeunes patriciens si babillards, de venir te rendre à la basilique des visites continuelles. Un tel honneur blesse l'amour-propre des Bianchini : ils disent que ces jeunes gens te font perdre ton temps, qu'ils te détournent du travail pour t'occuper de choses futiles; par exemple, cette joyeuse confrérie que vous venez d'instituer, et qui met en rumeur tous les fournisseurs de la ville...

— Oimè! s'écria Valerio, c'est précisément pour cela que je suis si pressé de vous quitter ce soir : on m'attend pour régler le costume. Il n'y a pas à reculer, et tu es engagé sur l'honneur, Francesco, à en faire partie.

— Je m'y suis engagé, à condition que l'affaire ne commencerait qu'après la Saint-Marc, parce qu'alors j'espère avoir terminé ma coupole.

— J'ai dit cela et pour ton compte et pour le mien; mais tu penses bien que deux ou trois cents jeunes gens avides de plaisir n'entendent pas facilement les raisons d'un seul qui est avide de travail. Ils ont juré que si nous nous refusions à être des leurs sur-le-champ, l'association était manquée, que rien n'était possible sans moi; et là-dessus ils m'ont fait de grands reproches, prétendant que je les avais lancés, que les dépenses étaient faites, la fête ordonnée, et qu'un aussi long retard donnerait un triomphe aux autres compagnies. Bref, ils ont tant fait que je me suis engagé, et pour toi et pour moi, à inaugurer la bannière des compagnons du Lézard dans quinze jours. On débutera par un grand jeu de bagues et par un repas magnifique, où chaque compagnon sera tenu d'amener une dame jeune et belle.

— Ne penses-tu pas que ces folies vont retarder ton travail?

— Vive la folie! mais je te défie bien de m'empêcher de travailler quand l'heure du travail sonne. Il y a temps pour tout, frère. Ainsi, je puis compter sur toi?

— Tu peux m'inscrire, et, par tes mains, je déposerai ma cotisation; mais je ne paraîtrai point à cette fête : je ne veux pas qu'on dise que les deux Zuccati s'amusent à la fois. Il faut que l'on sache que, quand l'un se divertit, l'autre travaille pour deux.

— Cher frère! s'écria Valerio en l'embrassant, je travaillerai pour quatre la veille, et tu viendras à la fête. Va, ce sera une fête superbe et dont le but est noble, une fête toute plébéienne et toute fraternelle. Il ne sera pas dit que les patriciens seuls ont le droit de s'amuser, et que les ouvriers n'ont que des confréries dévotes. Non, non! l'artisan n'est pas réservé à faire toujours pénitence! les riches s'imagineraient que nous sommes faits pour expier leurs péchés. Allons, Bartolomeo, tu en seras aussi, je vais te faire inscrire; cela t'occasionnera un peu de dépense. Si tu n'as pas d'argent, j'en ai, moi, et je prends tout sur mon compte. Au revoir, chers amis, à demain. Frère bien-aimé, tu ne me diras pas que je n'écoute pas tes conseils avec le respect qu'on doit à son aîné. Allons, avoue que tu es content de moi ! »

En parlant ainsi, Valerio sauta légèrement sur la rive du palais ducal, et disparut sous les ombres fuyantes de la colonnade.

V.

Ce même soir, vers minuit, le Bozza revenant de chez sa maîtresse, triste et soucieux plus que jamais, ennuyé de l'amour, ennuyé du travail, ennuyé de la vie, marchait à grands pas sur la rive solitaire. Un vent d'orage s'était élevé, le flot battait les quais de marbre, et des voix mystérieuses semblaient murmurer des paroles de haine et de malédiction sous les noires arcades des vieux palais.

Il se trouva tout à coup en face d'un homme dont le pas lourd et retentissant n'avait pu le distraire de sa rêverie. A la lueur d'un fanal attaché à un pieu d'amarrage, le Bozza et l'autre promeneur nocturne se reconnurent, et, s'arrêtant en face l'un de l'autre, se toisèrent de la tête aux pieds. Bartolomeo, pensant que cet homme pouvait bien avoir quelque mauvais dessein, mit la main sur son stylet; mais, contre son attente, Vincent Bianchini (car c'était lui) porta la sienne à son bonnet et l'accosta avec courtoisie.

Vincent était, comme son frère Dominique, un rude compagnon et un méchant homme. Moins brutal en apparence, et capable, malgré son peu d'éducation, d'affecter d'assez bonnes manières, profondément rusé, rompu au mensonge par suite de ses luttes contre les accusations infamantes qu'il avait soutenues devant le conseil des Dix, il était certainement le plus dangereux des trois Bianchini.

« Messer Bartolomeo, dit-il, je viens d'un endroit où je croyais vous rencontrer, et où je suis fort aise que vous n'ayez pas eu, comme moi, la curiosité de vous glisser furtivement.

— Je ne sais pas ce que vous voulez dire, messer Vincenzo », répondit le Bozza en s'inclinant et en essayant de passer outre.

Vincent mesura son pas sur celui de Bozza, sans paraître s'apercevoir du désir qu'il avait de l'éviter.

« Vous savez sans doute, dit-il, que les principaux membres de la nouvelle Compagnie viennent de s'assembler pour délibérer sur les statuts et sur les admissions.

— C'est possible, répondit Bartolomeo; cela m'importe assez peu, messer Bianchini : je ne suis pas un homme de plaisir.

— Mais vous êtes un homme d'honneur, et c'est pour cela que je me réjouis de ne vous avoir point vu au nombre des auditeurs de cette belle délibération.

— Que voulez-vous dire? s'écria le Bozza en s'arrêtant.

— Je veux dire, brave Bartolomeo, reprit Vincent, que si vous eussiez été là, les choses se seraient passées autrement, et qu'il y aurait eu peut-être un peu de bruit. Il vaut mieux, au reste, que tout se soit arrangé; car une affaire si puérile ne mérite pas...

— Allons, parlez, Messer, je vous en prie, dit Bozza avec impatience; s'est-il passé là quelque chose qui intéresse mon honneur?

— Eh! eh! non pas personnellement, peut-être; mais c'est un affront collectif que vous avez reçu. Voici ce qui est arrivé : vous savez que la nouvelle Compagnie doit se former, à l'instar des autres joyeuses associations, de membres choisis dans diverses corporations, émules les unes des autres pour la richesse et le talent. Ainsi, dans celle-ci, on s'était promis de recevoir tous ceux de la corporation des verrotiers qui seraient assez riches et assez amis du plaisir pour vouloir être admis. Celle des architectes et celle des vitriers, celle des fondeurs et celle des travailleurs en mosaïque, enfin tous les états qui concourent aux travaux de la basilique devaient fournir leurs candidats. Cela posé, il ne s'agissait plus que d'enregistrer les noms de ces candidats, et les fondateurs, ayant à leur tête messer Valerio Zuccato, votre maître, se sont réunis tantôt à cet effet. Mais croiriez-vous que cet artiste, si renommé pour son agréable humeur et sa popularité, s'est montré plein de hauteur et de dédain pour la plupart des admissions proposées? Oui vraiment, il s'est mis à trancher du gentilhomme et du sénateur; il a déclaré que quiconque ne serait pas reçu maître dans une profession quelconque n'était pas digne de se réjouir en sa compagnie. On lui a fait beaucoup d'objections, et plusieurs se sont hasardés à dire que certains apprentis avaient plus d'économie et de ta-

lent, par conséquent plus d'argent et de mérite que leurs maîtres; c'est ce qu'il n'a jamais voulu entendre, et il s'est exprimé en termes si vains et si durs, qu'il a blessé tout le monde. En ce moment je me trouvais près de lui sans qu'il me vît, et quelqu'un lui dit : « Si vous l'emportiez, n'auriez-vous pas regret au Bozza, ce brave compagnon qui travaille si bien, qui a une si bonne conduite et tant d'attachement pour vous et votre frère ? — Si mon apprenti, a répondu messer Valerio, est admis dans la Compagnie, je me retire. » Malgré cela, l'avis de la majorité l'a emporté, et les compagnons seront admis, pourvu toutefois qu'ils soient jugés par l'assemblée dignes d'être portés prochainement à la maîtrise dans leurs professions respectives. »

Le Bozza ne répondit rien à ce discours; mais Vincent Bianchini, qui l'observait de près, vit, à la sécheresse de son pas sur le pavé et au mouvement de contraction de son bras sous le manteau, qu'il éprouvait un violent dépit.

Cependant Bartolomeo se contenait, car il n'ajoutait pas une foi absolue aux paroles de Bianchini. Celui-ci, voyant qu'il ne fallait pas laisser refroidir la blessure, ajouta d'un ton dégagé : « C'est bien dommage, après tout, qu'un garçon si bien tourné et si aimable se soit laissé gonfler par la vanité! Le commerce des patriciens devait amener ce malheureux travers. Il est fâcheux pour un artiste de voir des gens au-dessus de sa classe.

— Il n'est point de classe au-dessus de l'artiste, répondit avec humeur le jeune apprenti : si Valerio estime quelque chose plus que son art, il n'est pas digne du titre qu'il porte.

— Cette sotte vanité, reprit tranquillement Bianchini, est une maladie de famille. Sébastien Zuccato méprise ses enfants, parce qu'il est peintre et qu'ils sont mosaïstes. François, le fils aîné, et premier maître dans son art, méprise son frère parce que celui-ci n'est que maître en second, et ce dernier méprise son apprenti...

— Ne dites pas qu'il me méprise, Messer, dit Bozza d'une voix sourde. Il ne l'oserait! Ne dites pas que je suis un homme méprisé; car, par le sang du Christ! je vous apprendrai le contraire.

— Si vous étiez méprisé par un sot, répondit Bianchini avec le calme de l'hypocrisie, ce mépris tournerait à votre gloire. Il est des gens dont l'estime est une injure.

— Valerio n'en est pas là avec moi, reprit Bozza, essayant de lutter contre les vipères qui lui rongeaient le cœur.

— J'espère que non, dit Vincent; pourtant je ne conçois pas ce qu'il a pu dire de vous à la personne qui avait prononcé votre nom; car il lui a parlé à l'oreille, et j'ai vu seulement de qui il était question, à la manière dont il a enfoncé sa barrette jusque sur ses yeux et relevé le collet de son manteau jusqu'aux oreilles pour vous contrefaire et vous ridiculiser. En faisant cela, il fronçait le sourcil et imitait votre geste, ce qui faisait rire aux éclats le confident de ces sottes plaisanteries.

— Et qui était celui qui se permettait de rire? s'écria le Bozza en enfonçant malgré lui son bonnet sur ses yeux, serrant le poing et le ramenant sur la poitrine, geste que, selon Bianchini, Valerio avait tourné en dérision.

— Ma foi, je ne saurais vous le dire, répondit Vincent; je ne pouvais voir sa figure, parce que, selon sa coutume, Valerio rassemblait autour de lui un auditoire nombreux, avide de ses saillies. Quand j'ai réussi à fendre la presse, Valerio avait changé d'interlocuteur et parlait d'autre chose; mais on riait encore à la place qu'il venait de quitter.

— C'est bien, messer Vincent, répliqua le jeune homme désespéré. Je vous remercie de m'avoir dit cela; peut-être trouverai-je l'occasion de vous en récompenser. »

En parlant ainsi, le Bozza doubla le pas, et le Bianchini suivit des yeux, pendant quelque temps, sa plume noire agitée par le vent d'orage. Puis il le perdit de vue, et, s'applaudissant d'avoir entamé la cuirasse du premier coup, il resta longtemps immobile sur la rive écumante, absorbé dans ses pensées de haine et dans ses desseins pervers.

VI.

Le soleil commençait à peine à dorer le faîte des blanches coupoles de Saint-Marc, et les gondoliers du grand canal dormaient encore étendus sur la rive, autour de la colonne Léonine, lorsque la basilique se remplit d'ouvriers. Arrivés les premiers, les apprentis dressèrent les échelles, trièrent les émaux, broyèrent le ciment, le tout en chantant, en sifflant et en causant à haute voix, malgré la douleur et l'indignation du bon père Alberto, qui s'efforçait en vain de rappeler à ces jeunes étourdis la majesté du saint lieu et la présence du Seigneur.

Si les exhortations du prêtre mosaïste ne produisaient pas beaucoup d'effet sous la grande coupole où travaillait l'école des Zuccati, du moins il pouvait y satisfaire son zèle et soulager sa conscience par des réprimandes longues et sévères. Jamais il n'était interrompu par un propos grossier ou par un rire insultant; car si ces élèves avaient la gaieté, l'ardeur et la vivacité de leur maître Valerio, ils avaient aussi sa douceur, sa bonté et son pieux respect pour la vieillesse et la vertu. Mais les choses se passaient tout autrement dans la chapelle de Saint-Isidore, où la famille Bianchini, environnée d'apprentis farouches et indisciplinés, ne pouvait maintenir l'ordre qu'avec des rugissements furieux et des menaces épouvantables. Quand une chanson obscène venait frapper l'oreille d'Alberto, il était réduit à se signer, et sa douleur s'exhalait en exclamations étouffées ou en profonds soupirs. Mais lorsque, au-dessus de tous les propos grossiers et de toutes les invectives brutales que se renvoyaient les compagnons, la voix terrible de Dominique le Rouge venait à tonner sous les cintres sonores de la basilique, le pauvre prêtre était forcé de se boucher l'oreille d'une main, et de se tenir de l'autre aux barreaux de son échelle pour ne pas tomber.

Ce jour-là les maîtres mosaïstes arrivèrent de bonne heure et se mirent à la besogne presque aussitôt que leurs apprentis. La Saint-Marc approchait; on devait faire en ce jour solennel l'inauguration de la basilique, restaurée en entier et décorée des nouveaux tableaux des plus grands maîtres de l'époque. On allait enfin, après dix, quinze et vingt ans de travail assidu, être jugé publiquement, sans égard, disait-on, aux protections des uns ni à la haine des autres. Ce devait être un grand jour pour tous les travailleurs, depuis le premier des peintres illustres jusqu'au dernier des barbouilleurs, depuis l'architecte aux calculs sublimes jusqu'au manœuvre docile qui fend la pierre et pétrit le mortier. L'émulation, la jalousie, la joyeuse attente ou la crainte sinistre, toutes les bonnes et les mauvaises passions que, sur tous les échelons de l'art et du métier, la soif de la gloire et la cupidité inspirent aux hommes, s'agitaient donc sans relâche sous ces dômes retentissants de mille bruits. Ici l'injure, là le chant joyeux, plus loin le quolibet; en haut le marteau, en bas la truelle; tantôt le bruit sourd et continu du tampon sur la mosaïque, et tantôt le clapotement clair et cristallin de la verroterie ruisselant des paniers sur le pavé en flots de rubis et d'émeraudes; puis le grincement affreux du grattoir sur la corniche; puis enfin le cri aigre et déchirant de la scie dans le marbre, sans parler du nasillement des messes basses qui se disaient, en dépit du vacarme, au fond des chapelles, du tintement impassible de l'horloge, de la pesante vibration des cloches, et du cri de mille animaux domestiques, imité avec une rare perfection par les petits apprentis, afin de forcer le père Alberto, toujours dupe de cette ruse, à tourner la tête brusquement et à se laisser distraire de son travail, qu'il ne reprenait jamais qu'après un signe de croix,

en expiation de ce qu'il lui plaisait d'appeler sa *légèreté d'esprit*.

Si les écoliers des Zuccati avaient plus de douceur et d'innocence dans leurs ébats que ceux des Bianchini, ils n'étaient guère moins bruyants. Francesco leur imposait rarement silence. Absorbé par son travail, le patient et mélancolique artiste était complètement sourd à toutes les rumeurs de son orageux atelier; et d'ailleurs, pourvu que la besogne allât son train, il ne s'opposait point à une gaieté qui plaisait à Valerio et stimulait son ardeur. Celui-ci était vraiment le dieu de ses apprentis. S'il les excitait sans relâche et s'il s'emportait souvent contre eux en critiques facétieuses, au fond il les aimait comme ses enfants et charmait leurs fatigues par son enjouement continuel. Tous les jours il avait de nouvelles histoires grotesques à leur raconter; tous les jours il leur chantait une chanson plus folle que celle de la veille. S'il voyait un étourdi faire une faute et la nier par amour-propre, ou s'y obstiner par ignorance, il égayait à ses dépens toute l'école et lui barbouillait le visage de son pinceau. Mais si un bon élève s'affligeait sincèrement ou rougissait en secret d'une erreur involontaire, il allait à lui, prenait ses outils, et en peu d'instants réparait le dommage, en l'encourageant par de douces paroles ou en gardant le silence, pour ne pas attirer sur l'apprenti mortifié l'attention de ses camarades. Aussi il est vrai de dire que si Francesco Zuccato était aimé et respecté, Valerio était adoré dans son école, et que ses apprentis se fussent jetés, pour lui plaire, du haut de la grande coupole sur le pavé de la place Saint-Marc.

Le seul Bartolomeo Bozza, toujours froid et silencieux, ne partageait ni cet enjouement ni cet enthousiasme. Francesco faisait grand cas de son travail régulièrement net et solide et de l'austérité de ses mœurs. Sa mélancolie lui semblait un motif de sympathie, et il plaisait à dire que cette jeunesse sombre et mystérieuse recélait un grand avenir d'artiste. Quant à Valerio, quoiqu'il trouvât peu d'agréments dans le commerce de Bartolomeo, sa propre humeur était trop bienveillante pour qu'il ne lui prêtât pas toutes les qualités qu'il avait en lui-même.

Ce jour-là, le Bozza, qui d'ordinaire était à l'ouvrage avant tous les apprentis, arriva plus d'une heure après le lever du soleil. Il était plus pâle et plus défait que jamais, plus muet et plus sinistre qu'on ne l'avait encore vu. Il n'avait pas goûté un instant de repos. Toute la nuit il avait erré, comme une ombre infortunée, dans les rues anguleuses et profondes; ses cheveux pendaient plats sur ses joues creuses; sa barbe était en désordre et comme hérissée; sa plume noire avait été brisée par l'orage. Il prit en silence son tablier et ses outils, et alla se placer tout près de Valerio, qui travaillait à son feston du cintre.

Francesco remarqua fort bien la tardive arrivée de son apprenti; mais Bozza était toujours si exact, que le maître se garda bien de lui faire une observation sur cette faute, la première qu'il eût commise depuis les trois ans de son apprentissage.

Valerio, toujours expansif et poussé par une douce sollicitude, ne craignit pas de l'interroger.

« Qu'as-tu fait, mon camarade? lui dit-il en le toisant de la tête aux pieds avec étonnement; tu as l'air d'avoir été enterré hier soir. Laisse-moi te toucher la main pour savoir si tu n'es point ton spectre. »

Le Bozza feignit de ne pas entendre, et ne répondit pas à l'appel de cette main amie.

« Tu as été au jeu, Bartolomeo? Tu as perdu ton argent cette nuit? Est-ce là ce qui t'attriste? Allons donc! est-ce que tu prends le jeu à cœur? Pour l'argent, il ne faut pas y penser; tu sais que ma bourse t'appartient. »

Le Bozza ne répondit pas.

« Oh! ce n'est pas cela peut-être? Ta maîtresse te trompe, ou tu ne l'aimes plus, ce qui est bien pire? Allons! tu feras une belle madone qui lui ressemblera, et dont le doux regard restera éternellement attaché sur le tien! As-tu un ennemi, par hasard! Veux-tu que je te serve de second pour un défi? marchons! »

— Voilà bien des questions, messer Valerio, répondit Bozza d'une voix éteinte, mais d'un ton acerbe. En êtes-vous donc venu à ce point, que, pour une heure de retard, vos compagnons soient forcés de subir un interrogatoire et de rendre compte de leur conduite?

— Oh! oh! s'écria Valerio étonné, tu es de bien mauvaise humeur, mon pauvre ami. Il faut espérer que tout à l'heure, quand l'accès sera passé, tu rendras meilleure justice à mes intentions. »

Il se remit aussitôt à son travail en sifflant, et le Bozza commença le sien avec une lenteur et une affectation de nonchalance et de maladresse dont Valerio ne voulut point lui donner la satisfaction de s'apercevoir.

Au bout de deux heures environ, le Bozza, voyant qu'il ne réussissait pas à irriter Valerio, changea de méthode, et se mit tout d'un coup à travailler avec rapidité, sans faire attention aux matériaux qu'il employait, et mêlant les couleurs de la manière la plus disparate et la plus bizarre.

Valerio lui jeta un regard de côté et l'examina pendant quelques instants. Il s'étonna de cette obstination; mais, comme c'était la première fois qu'une pareille chose arrivait, il résista au désir qu'il éprouvait de s'emporter, et se promit de refaire l'ouvrage de son apprenti, en se disant à lui-même : « Après tout, ce n'est qu'une journée perdue pour lui et pour moi. »

Mais malgré cette généreuse résolution, et malgré les efforts que le bon Valerio faisait sur lui-même pour ne pas jeter les yeux sur l'exécrable besogne à laquelle le Bozza travaillait avec âpreté, le seul bruit de son tampon sec et saccadé avait quelque chose de fébrile et d'irritant auquel le jeune maître sentit qu'il était temps de se soustraire, s'il ne voulait céder aux provocations de son apprenti. Valerio se sentait la conscience tranquille; l'état du Bozza lui semblait maladif, et lui causait encore plus de compassion que de colère. Brave comme le lion, mais comme lui généreux et patient, il quitta son échafaud, endossa son pourpoint de soie noire, et alla respirer l'air un instant dans la cour de la basilique, attenante au palais ducal, un des plus beaux morceaux d'architecture qu'il y ait dans le monde.

Après avoir fait quelques tours sous les galeries, il se crut assez calme pour retourner à l'atelier, et, comme il redescendait l'escalier des Géants, il se trouva tout à coup face à face avec le Bozza. Le même sentiment d'angoisse qui avait dévoré Valerio, tandis qu'il renfermait sa colère, avait rongé le sein de Bartolomeo, tandis qu'il s'efforçait en vain d'allumer celle de son rival. Quand Valerio s'était soustrait à cette muette torture, la sienne était devenue si vive, qu'il n'avait pu y résister. Les minutes lui semblaient des siècles, et tout d'un coup, emporté par un instinct de haine irrésistible, il s'élança sur ses traces et le rejoignit à l'endroit où, deux cents ans auparavant, la tête de Marino Faliero avait roulé sous la hache. Toute la colère de Valerio se ralluma, et les deux jeunes artistes, immobiles et le regard étincelant, restèrent quelques instants incertains, chacun attendant avec impatience la provocation de son adversaire; semblables à deux dogues furieux qui rugissent sourdement, l'œil sanglant et l'échine hérissée, avant de se précipiter l'un sur l'autre.

VII.

Quelque grossiers que fussent les artifices de Vincent Bianchini, l'esprit d'observation dont l'avait doué la nature, et la parfaite connaissance qu'il avait des faiblesses et des travers d'autrui, le servaient mieux que la supériorité des autres. Il avait un profond et irrévocable mépris pour l'espèce humaine. Niant la conscience, il détestait tous ses semblables; il ne reculait devant aucun moyen de corruption, et ne faisait jamais entrer en ligne de compte la possibilité des bons mouvements. Ses noires prévisions se trouvaient presque toujours justifiées; mais il est vrai de dire que, comme le vent d'orage ne brise que les arbres où la sève commence à tarir et dont la

tige a perdu sa vigueur élastique, les méchantes inspirations de Bianchini ne triomphaient que des cœurs où le sentiment de l'amour, sève de la vie, coulait avec parcimonie et se trouvait étouffé à chaque effort par la violence des passions contraires. Un instinct de lâcheté l'empêchait de s'attaquer directement aux âmes fortes et généreuses. Il ne connaissait donc que le mauvais côté de la vie, et cette triste science le rendait téméraire dans l'exercice de la duplicité.

S'il avait osé improviser un mensonge aussi grossier devant le Bozza, c'est qu'il prévoyait que celui-ci, étant d'une nature méfiante et concentrée, n'en chercherait jamais l'éclaircissement. Le Bozza, sans aimer précisément l'imposture, haïssait la franchise. Sa grande plaie était un amour-propre immense, éternellement froissé, éternellement souffrant. Bianchini savait que tout l'effort de sa volonté consistait à cacher cette blessure, et que la crainte de la trahir par ses paroles le rendait taciturne, incapable de toute expansion, ennemi de toute explication qui l'eût forcé de mettre à nu le fond de son âme. Si quelquefois Bartolomeo s'expliquait à demi avec Francesco, c'est que, voyant la mélancolie de celui-ci, et le croyant atteint du même mal, il le croyait moins que les autres; mais il se trompait : la maladie de Francesco, avec les mêmes symptômes, avait un tout autre caractère que la sienne. Quant à Valerio, le Bozza, ne le comprenant nullement, prenait le parti de le nier. Il était persuadé que cette naïve insouciance était une affectation perpétuelle pour avoir des amis, des partisans, et faire son chemin par la faveur des grands ; c'est à cause de cette erreur que la ruse de Bianchini avait réussi.

Quand le Bozza se vit en présence de Valerio, quoiqu'il ne fût pas lâche le moins du monde, son courage s'évanouit. L'envie qu'il avait de lui reprocher sa prétendue conduite de la veille céda devant la crainte de montrer combien son orgueil avait saigné de cette offense puérile. Il sentit bien que la dignité véritable exigeait qu'il la méprisât, ou qu'il eût l'air de la mépriser, et tout à coup, refoulant sa colère dans le fond de ses entrailles, il reprit son air froid et dédaigneux.

Valerio, étonné du changement subit de son attitude et de sa physionomie rompit le silence le premier, en lui demandant ce qu'il avait à lui dire.

« J'ai à vous dire, Messer, répondit Bozza, qu'il vous faut chercher un autre apprenti ; je quitte votre école.

— Parce que...? s'écria Valerio avec l'impatience de la franchise.

— Parce que je sens le besoin de la quitter, répondit Bozza ; ne m'en demandez pas davantage.

— Et en me l'annonçant aussi brusquement, reprit Valerio, avez-vous l'intention de me blesser?

— Nullement, Messer, répondit Bozza d'un ton glacial.

— En ce cas, dit Valerio, faisant un grand effort pour vaincre sa colère, vous devez à l'amitié que je vous ai toujours témoignée, de me confier les raisons de votre abandon.

— Il n'est pas question d'amitié ici, Messer, reprit le Bozza avec un sourire amer; c'est un mot qu'il ne faut pas prodiguer, et un sentiment qui ne peut guère exister entre vous et moi.

— Il se peut que vous ne l'ayez jamais connu pour personne, dit Valerio blessé; mais chez moi ce sentiment était sincère, et je vous en ai donné trop de preuves pour que vous ayez bonne grâce à le nier.

— Vous m'en avez donné en effet, dit le Bozza avec ironie, des preuves qu'il me serait difficile d'oublier. »

Valerio, étonné, le regarda fixement. Il ne pouvait croire à tant d'amertume; il ne voulait pas se décider à comprendre le langage de la haine.

« Bartolomeo, lui dit-il en lui saisissant le bras et en l'entraînant sous les galeries, tu as quelque chose sur le cœur. Il faut que je t'aie offensé involontairement; quoi que ce soit, je te jure sur l'honneur que mon intention n'y a été pour rien. Pour que je puisse te le prouver, dis-moi ce que c'est. »

Il y avait tant de franchise dans l'accent du jeune

maître, que l'apprenti pensa que Bianchini pouvait bien s'être joué de sa crédulité; mais, en même temps, il sentit plus que jamais le besoin de cacher son extravagante susceptibilité, et le sentiment de sa propre faiblesse lui rendit plus humiliante la généreuse sincérité de Valerio. Son cœur, fermé à l'affection, ne sentait pas le besoin de répondre à ces avances. « Si Bianchini a menti, se dit-il, si Valerio ne m'a pas méprisé cette fois, il m'a méprisé tous les jours de sa vie, et il me méprise encore à cette heure en m'offrant une amitié protectrice et le pardon d'une faute. Puisque j'ai tant fait que de me prononcer, il faut persister. » Il y avait longtemps déjà que le Bozza souffrait de son association avec les Zuccati, et qu'il aspirait à la rompre.

« Vous ne m'avez jamais offensé, Messer, répondit-il avec froideur. Si vous l'aviez fait, je ne me bornerais pas à vous quitter, je vous en demanderais réparation.

— Et je suis, pardieu! prêt à te la donner, si tu persistes à le croire, repartit Valerio, qui sentait bien la dissimulation de son apprenti.

— Il ne s'agit pas de cela, Messer; et pour vous prouver que, si je ne cherche pas une querelle, du moins ce n'est point par timidité que je l'évite, je vais vous dire une raison de mon abandon qui pourra bien vous déplaire un peu.

— Dis toujours, répondit Valerio; il faut toujours dire la vérité.

— Je vous dirai donc, maître, reprit le Bozza du ton le plus pédant et le plus blessant qu'il put affecter, que ceci est une question d'art et rien de plus. Il se peut que cela vous fasse sourire; vous qui méprisez l'art; mais, moi qui ne prise rien autre chose au monde, je suis forcé de vous avouer que je suis homme à sacrifier les relations les plus agréables au désir de faire des progrès et de passer bientôt maître.

— Je ne blâme pas cela, dit Valerio; mais en quoi tes progrès sont-ils gênés par moi? Ai-je négligé de t'instruire? et, au lieu de t'employer, comme ont coutume de faire les maîtres, au travail matériel de l'école, ne t'ai-je pas traité en artiste? Ne t'ai-je pas offert toutes les occasions possibles de progresser, en te confiant des travaux intéressants, difficiles, et en t'indiquant la meilleure manière avec autant de zèle que si tu eusses été mon propre frère?

— Je ne nie pas votre obligeance, répondit le Bozza; mais, dussé-je vous sembler un peu vain, je suis contraint de vous avouer, maître, que cette manière, qui vous paraît la meilleure, ne me satisfait point. Je n'aspire pas seulement à être le premier dans mon art, mais encore à faire faire à cet art, imparfait dans nos mains, un progrès dont je sens en moi la révélation. Ainsi donc, permettez que je m'affranchisse de votre système, et que je suive le mien. Une voix intérieure me le commande. Il me semble que je suis destiné à quelque chose de mieux qu'à suivre les traces d'autrui. Si j'échoue, ne me regrettez pas; si je réussis, comptez qu'à mon tour je ne vous refuserai ni mon aide, ni mes conseils. »

Valerio ne devinant pas (tant il était dépourvu de vanité) que ce discours était inventé dans l'unique dessein de le piquer profondément, réprima une forte envie de rire. Il s'était souvent aperçu de l'amour-propre exagéré du Bozza, et en ce moment il le croyait en proie à un accès de fatuité délirante. C'est ainsi qu'il s'expliqua le trouble où il l'avait vu toute la matinée, et, en songeant combien c'était une passion funeste et féconde en souffrances, il eut la douceur de ne pas l'en railler trop ouvertement.

« S'il en est ainsi, mon cher Bartolomeo, lui dit-il en souriant, il me semble qu'en restant avec nous tu serais beaucoup plus à même de nous donner des conseils, et nous de les recevoir. Comme jamais tu n'es contrarié dans ton travail, rien ne t'empêchera de perfectionner et d'innover à ton aise. Si tu fais faire des progrès à notre art, je puis te promettre que, loin de les entraver, je serai heureux d'en profiter pour mon compte. »

Le Bozza sentit que, malgré sa complaisance, Valerio se moquait un peu de lui. Désespéré d'avoir voulu en vain

être méchant et de n'avoir été que ridicule, il ne put se contenir davantage, et répondit d'un ton si aigre à plusieurs reprises, que Valerio perdit patience, et finit par lui dire :

« En vérité, mon cher ami, si c'est une révélation de ton génie que la besogne extravagante et pitoyable que tu faisais tout à l'heure quand j'ai quitté la basilique, je désire beaucoup que l'art rétrograde dans mes mains plutôt que de faire de semblables progrès dans les tiennes.

— Je vois bien, Messer, répliqua le Bozza, outré de ce que toutes ses petites vengeances tournaient contre lui, que vous n'êtes pas dupe des prétextes que j'invente depuis ce matin pour me séparer de vous. J'aurais désiré vous déplaire, afin de me faire renvoyer, et de vous épargner par là la mortification d'être quitté. Je suis fâché que vous n'ayez pas compris la générosité de ce procédé, et que vous me forciez à vous dire que je ne veux pas rester une heure de plus à votre école.

— Et la raison de ton départ reste impénétrable? dit Valerio.

— Personne n'a le droit de me la demander, répondit le Bozza.

— Je pourrais vous forcer de remplir votre engagement, reprit Valerio; car vous avez signé celui de travailler sous ma direction jusqu'à la Saint-Marc prochaine, mais il ne me convient pas d'être aidé par contrainte. Soyez donc libre.

— Je suis prêt, Messer, répondit le Bozza, à vous offrir toutes les indemnités que vous pourrez exiger, et je ne crains rien tant que de rester votre obligé.

— C'est à quoi pourtant il faudra vous résigner, dit Valerio en lui rendant son salut; car je suis résolu à ne rien accepter de votre part. »

Ainsi se séparèrent le maître et l'apprenti. Valerio le regarda s'éloigner, et se promena avec agitation sous les arcades; puis, saisi tout à coup de douleur à la vue de tant d'ingratitude et de dureté, il retourna à ses travaux, et sentit son visage inondé de larmes.

Le Bozza, au contraire, alla trouver sa maîtresse, et la traita mieux qu'à qu'à l'ordinaire. Il se montra même plus que d'ordinaire, presque gai. Sa poitrine lui semblait soulagée d'un poids énorme : c'était le poids de la reconnaissance, insupportable aux orgueilleux. Il s'imagina qu'il venait de triompher de tout son passé, et d'entrer à pleines voiles dans l'indépendance glorieuse de son avenir.

VIII.

Le Bozza n'était point un artiste sans mérite. Bien supérieur aux Bianchini, qui n'étaient que des ouvriers diligents et soigneux, il avait reçu des Zuccati les notions élevées du dessin et de la couleur. Ses lignes étaient élégantes et correctes, ses tons ne manquaient pas de vérité, et, pour rendre le brillant et la richesse d'une étoffe, il surpassait peut-être Valerio lui-même. Mais si, à force d'études et de persévérance, il était arrivé à rendre avec succès les effets matériels de l'art, il était loin d'avoir dérobé au ciel le feu sacré qui donne la vie aux productions de l'art, et qui constitue la supériorité du génie sur le talent. Le Bozza avait trop d'intelligence, il cherchait d'ailleurs avec trop d'anxiété le secret de cette supériorité dans les autres, pour ne pas comprendre ce qui lui manquait ou ne pas chercher ardemment à l'acquérir. Mais c'était en vain qu'il essayait de communiquer à ses figures la grâce touchante ou l'enthousiasme sublime qui animaient celles des Zuccati. Il ne réussissait qu'à peindre les émotions physiques. Dans la scène de l'Apocalypse, ses figures de démons et de damnés étaient fort bien traitées; mais, bien que ce fût là son triomphe, il n'avait pas su donner à ces emblèmes de la haine et de la douleur le sentiment intellectuel qui devait caractériser les images religieuses. Les maudits ne semblaient tourmentés que par l'ardeur des flammes qui les dévoraient; nul sentiment de honte ou de désespoir ne se peignait dans leurs traits contractés par la fureur. Les anges rebelles ne gardaient rien de leur céleste origine. Le regret de leur grandeur première était étouffé par une affreuse ironie, et, en contemplant ces traits immondes, ces rires féroces, ces tortures qui rappelaient l'inquisition plus que le jugement de Dieu, on éprouvait moins d'émotion que d'étonnement, moins de terreur que de dégoût.

Malgré ces défauts, appréciables seulement aux organisations élevées, le travail du Bozza avait des qualités éminentes, et les Zuccati avaient bien connu ses forces en le lui confiant. Mais, lorsqu'il avait voulu s'essayer dans des sujets plus nobles, il avait complètement échoué. Ses mouvements majestueux étaient raides, ses figures inspirées grimaçaient; ses anges agitaient en vain des ailes fortes et brillantes; leurs pieds semblaient invinciblement liés dans le ciment, et leurs regards n'avaient d'autre éclat que celui de l'émail et du marbre.

Les peintres, mécontents, ne retrouvaient plus leur pensée dans l'exécution cependant fidèle de leurs dessins, et les Zuccati étaient forcés de retoucher péniblement tout ce qui constituait dans ces figures le sentiment et la représentation de la vie morale. Depuis que la scène de l'Apocalypse était achevée, le Bozza avait donc été employé au grand feston du cintre; et, comme il trouvait indigne de lui de copier servilement des ornements, il avait subi intérieurement toutes les tortures de l'orgueil humilié. C'était pourtant avec un douceur et une délicatesse extrême que les Zuccati lui avaient fait sentir la nécessité de laisser les sujets sacrés à des mains plus habiles, et de terminer les détails de la voûte en attendant que des sujets appropriés au genre de son talent fussent confiés à leur école. Bozza ne tenait pas compte des leçons particulières de dessin et de peinture que les Zuccati lui donnaient aux heures de leur loisir. Il ne concevait pas de plus grande affaire au monde que le soin de sa gloire future, et reprochait secrètement à Valerio d'avoir des goûts de plaisir qui l'empêchaient de lui consacrer tous ses moments de liberté; à Francesco, de faire pour son propre compte des études sérieuses qui le forçaient quelquefois d'abréger sa leçon ou de la remettre au lendemain. Il se persuadait que ces maîtres craignaient d'être dépassés par lui et le privaient des moyens de s'instruire rapidement, afin d'exploiter plus longtemps son travail à leur profit. Il se livrait alors, dans le secret de son âme, à toutes les misères de la défiance et du ressentiment.

D'autres fois (et ces instants étaient encore plus cruels), il ouvrait les yeux à l'évidence, et s'apercevait que, malgré les excellentes leçons et les conseils désintéressés qu'on lui donnait, il ne faisait pas les progrès qu'il aurait dû faire. Il sentait amèrement tous les défauts de son œuvre, et se demandait avec effroi si, hors d'une certaine portée de talent, il n'était pas à jamais frappé d'impuissance. Il voyait ce qui lui manquait, et ne pouvait le réaliser; sa main semblait traduire en langue vulgaire les poétiques élans de son cerveau, et il n'était pas loin de croire à l'action jalouse des puissances infernales sur sa destinée. Souvent Valerio lui avait dit: « Bartolomeo, le plus grand obstacle au développement de tes facultés, c'est l'inquiétude où tu te consumes. Rien de beau et de grand ne peut éclore sans le souffle fécond d'un cœur chaud et d'un esprit libre. Il faut toute la santé du corps et de l'âme pour produire une œuvre saine; et ce qui sort d'un cerveau malade n'a pas les conditions de la vie. Si, au lieu de passer tes nuits à rêver les honneurs de la célébrité, tu t'endormais joyeux auprès de ta maîtresse; si, au lieu de verser les larmes desséchantes de l'ennui, tu pleurais de tendresse et de sympathie dans le sein d'un ami; si enfin, aux heures où la lassitude ne te permet plus de soutenir les outils et de discerner les nuances, plutôt que de fatiguer ta vue et d'épuiser ta volonté, tu cherchais dans les distractions de ton âge, dans les innocentes passions de la jeunesse, un moyen de retremper les forces de l'artiste, en leur donnant pour quelques instants un autre aliment, je crois que tu serais surpris, en retournant au travail, de sentir ton cœur battre avec force, tout ton être transporté d'une joie inconnue et d'une espérance victorieuse.

Mais tu t'arranges de manière à être toujours triste, à défaillir à toute heure sous le poids de la vie; comment veux-tu donner à ton œuvre cette vie qui n'est pas en toi-même? Si tu continues ainsi, tous les ressorts de ton génie seront usés avant que tu aies pu les faire servir. À force de contempler le but et de t'exagérer le prix de la victoire, tu oublieras de connaître les douces émotions et les joies pures de la production. L'art, pour se venger de n'avoir pas été aimé pour lui-même, ne se révélera que de loin à tes yeux éblouis et trompés; et si tu arrives par des moyens bizarres à obtenir les vains applaudissements de la foule, tu ne sentiras pas en toi-même cette satisfaction généreuse de l'artiste consciencieux qui contemple en souriant l'ignorance des juges grossiers, et qui se console de sa misère, pourvu qu'il puisse s'enfermer dans un taudis ou dans un cachot avec sa muse, et goûter dans ses bras des ravissements inconnus au vulgaire. »

Le malheureux artiste sentait bien la vérité de ces observations; mais, au lieu de voir que Valerio les lui adressait dans la simplicité de son âme, et avec le désir sincère de le mettre dans la bonne voie, il lui attribuait le sentiment impie d'une joie secrète et d'un mépris cruel à la vue de ses souffrances. Découragé et désespéré, il s'écriait alors : « Oui, cela est trop vrai, Valerio! je suis perdu. Je suis consumé comme une torche tourmentée par le vent, avant d'avoir jeté mon éclat et fourni ma lumière. Vous le savez bien, et vous mettez le doigt dans la plaie. Vous connaissez le secret de votre force et celui de ma faiblesse. Triomphez donc, humiliez-moi, méprisez mes rêves, déjouez mes espérances, raillez jusqu'à mes désirs: Vous avez su employer votre énergie, vous avez gouverné le coursier, vous l'avez dompté; moi je l'excite sans cesse, et, emporté par lui, je vais me briser au premier obstacle. »

C'était en vain alors que les deux Zuccati cherchaient à l'apaiser et à lui rendre l'espérance; il repoussait leur sollicitude, et, blessé de leur compassion, il allait cacher sa misère loin de tous les regards et de toutes les consolations.

Voyant que leurs conseils affectueux ne servaient qu'à irriter la souffrance de cette âme froissée, les deux jeunes maîtres avaient donc peu à peu cessé de lui parler de lui-même; le Bozza en avait conclu qu'ils ne l'aimaient point, et qu'ils avaient peur de le voir profiter trop bien de leurs conseils. La malheureuse nécessité d'abandonner un travail noble et intéressant, pour terminer à époque fixe des ornements fastidieux, avait achevé de l'aigrir. Il avait donc pris la résolution de les quitter aussitôt que son engagement serait expiré, et il n'espérait pas qu'ils le proposassent à la maîtrise, comme ils en avaient le droit, aux termes de leur engagement avec les procurateurs. Ce droit ne s'étendait qu'à un seul élève par année, et Ceccato et Marini, ses jeunes confrères, lui semblaient beaucoup mieux que lui dans l'esprit des Zuccati. Il avait l'intention d'aller à Ferrare ou à Bologne se faire agréer comme maître, et former une école; car, s'il était un des derniers à Venise, il pouvait espérer d'être un des premiers dans une ville moins riche et moins illustre. Sa querelle avec Valerio avait à ses yeux le double avantage de lui rendre la liberté et de lui fournir l'occasion d'une vengeance. Les travaux n'étaient pas terminés, la Saint-Marc approchait, les instants étaient comptés. Dans les deux écoles on redoublait d'ardeur pour ne point rester en arrière des engagements contractés. L'absence ou le départ d'un apprenti était donc dans ce moment un véritable échec, et compromettait sérieusement le succès des efforts inouïs qu'on avait faits jusqu'à ce jour pour n'être point dépassé par l'école rivale.

IX.

Les Bianchini ne furent pas longtemps à s'apercevoir de l'absence du Bozza et de la tristesse de Valerio. Vincent raconta avec un sourire brutal son artifice de la veille à ses deux frères; et tous trois, encouragés par ce premier succès, résolurent de tout mettre en œuvre pour

Semblables à deux dogues furieux qui rugissent sourdement. (Page 13)

nuire aux travaux de la grande coupole et pour perdre les Zuccati. Après qu'ils eurent tenu conseil au cabaret, Vincent se remit sur la piste du Bozza, et le découvrit, à l'entrée de la nuit, dans les grands vergers qui s'étendent le long des lagunes . au faubourg de Santa-Chiara. Le Bozza côtoyait lentement une haie verdoyante entrecoupée de beaux arbres fruitiers qui se penchaient avec amour sur les ondes paisibles. Un silence profond régnait sur cette cité bocagère, et les dernières rougeurs du couchant s'éteignaient au loin sur le clocher rustique de l'île de la Certosa. De ce côté, Venise a la physionomie aussi naïve et aussi pastorale qu'elle l'a coquette, fière ou terrible en d'autres sites. On n'y voit aborder que des barques pleines d'herbes ou de fruits : on n'y entend d'autre bruit que celui du râteau dans les allées ou du rouet des femmes assises au milieu de leurs enfants sur le seuil des serres; les horloges des couvents y sonnent les heures d'une voix claire et quasi féminine, dont rien n'interrompt la longue vibration mélancolique. C'est là qu'en d'autres jours le chantre de *Chilve-Harold* vint souvent chercher le sens de certains secrets de la nature: grâce, douceur, charme, repos, mots mystérieux que la

nature, impuissante ou impitoyable à son égard, lui renvoyait traduits par ceux de langueur, tristesse, ennui, désespoir. Là le Bozza, insensible aux bénignes influences d'une soirée délicieuse, était absorbé par le vol rapide et les combats acharnés des grands oiseaux de mer, qui, à l'heure du soir, se disputaient leur dernière proie, ou se pressaient de rejoindre leurs retraites mystérieuses. Ces spectacles de lutte et d'inquiétude étaient les seuls qui lui fussent sympathiques. Partout le vaincu lui semblait une personnification de ses rivaux ; et, quand le vainqueur poussait dans les airs son cri de rage et de triomphe, le Bozza croyait se sentir monter sur ses larges ailes vers le but de ses insatiables désirs.

Le Bianchini l'aborda en jouant la franchise, et, après lui avoir dit qu'il s'apercevait depuis longtemps des mauvais procédés des Zucatti à son égard, il le pria de lui dire, fût-ce sous le sceau du secret, s'il était résolu définitivement à quitter leur école.

« Il n'y a point là de secret à garder, répondit Bartolomeo ; car non-seulement c'est une chose résolue, mais encore c'est une chose faite. »

Bianchini exprima sa joie avec réserve, assura le

Francesco et Valerio.

Bozza qu'il eût pu rester dix ans avec les Zuccati sans faire un pas vers la maîtrise, et lui cita l'exemple du Marini, qui était un garçon de talent, et qui travaillait avec eux depuis six ans sans autre récompense qu'un salaire modeste et le titre de compagnon. « Le Marini se flatte, ajouta-t-il, de passer maître à la Saint-Marc, d'après la promesse de messer Francesco Zuccato; mais...

— Il le lui a promis? positivement? dit le Bozza dont les yeux étincelèrent.

— En ma présence, répondit Vincent. Il vous l'a peut-être promis à vous-même! Oh! il n'en coûte rien aux Zuccati de promettre; ils traitent leurs apprentis comme ils traitent les procurateurs, en faisant plus de discours que de besogne. Ils ont de belles paroles pour expliquer à leurs dupes que l'art demande un long noviciat, qu'on tue un artiste dans sa fleur en le livrant trop tôt aux caprices de son imagination; que les plus grands talents ont échoué pour s'être trop vite affranchis de l'étude servile des modèles, etc. Que ne disent-ils pas? Ils ont appris par cœur, dans l'atelier de leur père (lorsque leur père avait un atelier), cinq ou six grands mots qu'ils ont entendu dire au Titien ou à Giorgione, et mainte-

nant ils se croient maîtres en peinture, et parlent comme des arbitres. Vraiment, c'est si ridicule que je ne conçois pas que votre grand diable de l'Apocalypse, ce morceau si parfait, si comiquement traité, si bien encorné et de si belle humeur que je n'ai jamais pu le regarder sans rire, ne se détache pas de la muraille, et ne vienne pas, de sa queue de lion, leur donner sur les oreilles, quand ils disent des choses si ridicules et si déplacées dans leur bouche. »

Quoique le Bozza fût blessé de ces éloges grossiers donnés à son morceau capital, à une figure qu'il avait eu le dessein de rendre terrible et non grotesque, il éprouvait une joie secrète à entendre railler et déprécier les Zuccati. Quand le Bianchini crut avoir gagné sa confiance en caressant sa blessure, il lui fit l'offre de le prendre dans son école, et lui promit même un salaire très-supérieur à celui qu'il recevait des Zuccati; mais il fut surpris de recevoir un refus pour toute réponse, et de ne pas voir la moindre satisfaction percer dans la contenance du Bozza. Il crut que le jeune compagnon voulait se faire marchander, afin d'obtenir de plus grands avantages pécuniaires. Les Bianchini ne concevaient pas, dans la vie d'artiste, un autre but, une autre espérance, une autre gloire, que l'argent.

Après avoir essayé vainement de le tenter par des offres encore plus brillantes, Vincent renonça à se l'associer, et, prenant l'air calme d'un homme tout à fait désintéressé, il chercha, en le flattant et en conversant avec lui, à pénétrer les causes de ce refus et les désirs cachés de son ambition. Cela ne fut pas difficile. Le Bozza, cet homme si défiant et si réservé, que l'amitié la plus sincère ne pouvait lui arracher l'aveu de ses faiblesses, cédait, comme un enfant, aux séductions de la plus grossière flatterie; la louange était à ses poumons comme l'air vital, sans lequel il ne faisait que souffrir et s'éteindre. Quand le Bianchini vit que sa seule pensée était de passer maître, et d'avoir les glorioles du métier, l'autorité, l'indépendance, le titre, sauf à ne tirer aucun profit de sa peine, et à souffrir longtemps encore toutes les privations, il conçut un profond mépris pour cette ambition, moins vile que la sienne; et il s'en fût moqué ouvertement, s'il n'eût compris qu'il pouvait encore l'exploiter au détriment des Zuccati.

« Ah! mon jeune maître, lui dit-il, vous voulez commander et ne plus servir! C'est tout simple, je le conçois bien, de la part d'un homme de talent comme vous. Eh bien! viva! il faut passer maître; mais non pas dans une misérable ville de province où vous suerez nuit et jour pendant vingt ans sans faire parler de vous. Il faut passer maître à Venise même, à Saint-Marc, supplanter et remplacer les Zuccati.

— Voilà ce qui est plus facile à dire qu'à faire, répondit le Bozza; les Zuccati sont tout-puissants.

— Peut-être pas tant que vous croyez, répliqua le Bianchini. Voulez-vous m'engager votre parole de vous fier à moi et de m'aider dans tous mes desseins? Je vous engagerai la mienne qu'avant six mois les Zuccati seront chassés de Venise, et nous deux, vous et moi, maîtres absolus dans la basilique. »

Vincent parlait avec tant d'assurance, et il était connu pour un homme si persévérant, si habile et si heureux dans toutes ses entreprises; il avait échappé à tant de périls, et réparé tant de désastres, où tout autre se fût brisé, que le Bozza ému sentit un frisson de plaisir courir dans ses veines, et la sueur lui coula du front comme si le soleil sortant de la mer, où il venait de s'éteindre, eût fait tomber sur lui les plus chauds rayons de la vie.

Bianchini, le voyant vaincu, lui prit le bras, et l'entraînant avec lui:

« Venez, lui dit-il, je veux vous faire voir avec les yeux de votre tête un moyen infaillible de perdre nos ennemis; mais auparavant vous allez vous engager par serment à ne pas être pris d'un mouvement de sensibilité imbécile, et à ne pas faire échouer mes projets. Votre témoignage m'est absolument nécessaire. Êtes-vous sûr de ne reculer devant aucune des conséquences de la vérité, quelque dures qu'elles puissent être à vos anciens maîtres!

— Et où donc s'arrêteront ces conséquences? demanda le Bozza étonné.

— A la vie seulement, répondit Bianchini. Elles entraîneront le bannissement, le déshonneur, la misère.

— Je ne m'y prêterai pas, dit sèchement le Bozza en s'éloignant du tentateur. Les Zuccati sont d'honnêtes gens après tout, et je ne sais pas pousser le dépit jusqu'à la haine; laissez-moi, messer Vincent, vous êtes un méchant homme.

— Cela vous paraît ainsi, répondit Vincent sans s'émouvoir d'une qualification dont il avait depuis longtemps cessé de rougir; cela vous effraie, parce que vous croyez à l'honneur des frères Zuccati. C'est très-joli et très-naïf de votre part. Mais si on vous faisait voir (et je dis voir par vos yeux) que ce sont des gens de mauvaise foi, qui trompent la république, abusent de ses deniers en volant leur salaire et en frelatant l'ouvrage; si je vous le fais voir, que direz-vous? Et si, vous l'ayant fait voir, je vous somme en temps et lieu de rendre témoignage à la vérité, que ferez-vous?

— Si je le vois par mes yeux, je dirai que les Zuccati

sont les plus grands hypocrites et les plus insignes menteurs que j'aie jamais rencontrés; et si, dans ce cas, je suis sommé de rendre témoignage, je le ferai, parce qu'ils m'auront indignement joué, et que je hais trop les hommes qui ont le droit de marcher sur les autres pour ne pas abhorrer ceux qui s'arrogent ce droit au prix du mensonge. Eux, des voleurs et des infâmes! je ne le crois pas; mais je le voudrais bien, ne fût-ce que pour avoir le plaisir de leur dire en face: « Non! vous n'aviez pas le droit de me mépriser! »

— Suivez-moi, dit le Bianchini avec un affreux sourire; la nuit est close, et nous pouvons d'ailleurs pénétrer dans la basilique à toute heure sans exciter les soupçons de personne. Venez, et si vous ne manquez pas de cœur, avant six mois vous ferez au plus haut du plafond de la basilique un grand diable jaune qui rira plus haut que tous les autres et qui vous vaudra cent ducats d'or. »

En parlant ainsi, il se glissa parmi les arbres embaumés; et le Bozza, foulant d'un pas mal assuré les bordures de thym et de fenouil, le suivit tout tremblant, comme s'il se fût agi de commettre un crime.

X.

Le lendemain, on vit le Bozza dans l'école des Bianchini, travaillant avec ardeur à la chapelle de Saint-Isidore. Francesco, à qui son frère avait raconté avec exactitude la scène de la veille, fut si profondément blessé de cette conduite, qu'il pria Valerio de ne faire aucune nouvelle tentative pour en connaître les motifs. Il en souffrit en silence, et ressentant plus vivement une injure faite à son frère bien-aimé que si elle se fût adressée à lui seul, ne concevant pas qu'on pût résister à la franchise et à la bonté d'une explication donnée par Valerio, il feignit de ne pas voir le Bozza, et passa près de lui, à dater de ce jour, comme s'il ne l'eût jamais connu. Valerio, qui savait combien son frère avait à cœur de terminer sa coupole, et qui voyait en lui l'inquiétude causée par l'abandon du Bozza, résolut de mourir à la peine plutôt que de ne pas surmonter cette difficulté. Francesco était d'une santé délicate; son âme fière et sensible était obsédée de la crainte de manquer à ses engagements. Il ne s'agissait plus là seulement de sa gloire d'artiste, gloire à laquelle il se reprochait d'avoir trop songé, puisqu'il se trouvait en retard pour le travail matériel; il s'agissait de l'honneur. Il n'ignorait pas les intrigues déjà tentées par les Bianchini pour noircir sa réputation. Lorsqu'il avait accepté cette énorme tâche, son père, la jugeant trop considérable pour les trois années auxquelles elle était limitée, avait essayé de l'en détourner. Le Titien, jugeant que la vie dissipée de Valerio et la mauvaise santé de l'autre rendaient cette exécution impossible, leur avait conseillé plusieurs fois de se réconcilier avec les Bianchini et de demander aux procurateurs un nouvel arrangement. Mais les Bianchini, qui dans le principe avaient fait partie de l'école de Francesco, avaient peu de talent et un insupportable orgueil. Pour rien au monde, Francesco n'eût voulu leur confier un travail entrepris et conduit avec tant de soin et d'amour.

Pour s'expliquer l'importance que ce maître attachait à ne pas être en retard d'un seul jour, il est nécessaire de remonter un peu plus haut, et de dire que la basilique de Saint-Marc avait été, durant les années précédentes, exploitée par des ouvriers malhabiles et de mauvaise foi. Des dépenses considérables n'avaient servi qu'à entretenir une troupe d'artisans débauchés, dont il avait fallu refaire à grands frais les ouvrages. Le père Alberto et le Rizzo, premiers maîtres mosaïstes, avaient montré aux procurateurs la nécessité de mettre de l'ordre dans les dépenses et dans les travaux. Après plusieurs épreuves, on avait agréé Francesco Zuccato pour chef de l'atelier de mosaïque, et Vincent Bianchini, bien que banni pendant quatorze ans pour accusation de crime de fausse monnaie et pour avoir commis plusieurs assassinats, notamment un sur la personne de son barbier, avait, grâce à la vigueur de son travail et de celui de ses frères, trouvé protection auprès du procurateur-caissier, qui l'avait placé sous les ordres des Zuccati. Mais toute relation étant impossible entre ces deux familles, Francesco avait demandé la liberté de choisir d'autres élèves, et il l'avait obtenue. Pour mettre fin aux querelles qui s'élevèrent à cet égard, et pour contenter le procurateur qui s'intéressait aux Bianchini, la commission s'était décidée à croire sur parole ces derniers capables de travailler sans direction pour leur propre compte. On leur avait confié un emplacement moins favorable et une tâche plus longue qu'aux Zuccati ; ils avaient eux-mêmes réglé ces conditions et demandé cette épreuve de leurs talents. Depuis ce jour, ils n'avaient pas cessé de se faire valoir auprès de la commission, qui n'était, du reste, rien moins qu'éclairée sur la matière, et de déprécier l'école de Francesco, dont la modestie et la candeur ne savaient pas lutter contre eux. La commission tenait à honneur de faire faire à moins de frais que par le passé des travaux plus considérables et mieux exécutés. Elle voulait, par l'inauguration de l'église restaurée, mériter les éloges et les récompenses du sénat.

Francesco voyait arriver ce jour fatal, et c'était en vain qu'il épuisait ses forces ; l'espérance commençait à l'abandonner. Il voyait aussi Valerio, inaccessible aux soucis de l'inquiétude, persister à célébrer le même jour l'institution d'une compagnie d'hommes de plaisir. Le départ du Bozza prit un moment si critique acheva de le consterner. Quand même, se dit-il, Valerio se donnerait tout entier à son labeur, cela ne servirait pas à grand'chose. Qu'il s'amuse donc, puisqu'il a le bonheur d'être insensible à la honte d'une défaite.

Mais Valerio ne l'entendait pas ainsi. Il connaissait trop la susceptibilité chevaleresque de son frère pour ne pas savoir qu'il serait inconsolable d'une telle mortification. Il assembla donc ses élèves favoris, Marini, Ceccato et deux autres ; il leur peignit la situation d'esprit de Francesco, et celle de toute l'école, en face de l'opinion publique. Il les supplia de faire comme lui, de ne pas désespérer, de ne renoncer ni au travail ni au plaisir, et de rester debout jusqu'à ce que tout fût mené à bien, fallût-il périr le lendemain de la Saint-Marc. Tous firent serment avec enthousiasme de se donner sans relâche, et ils tinrent parole. Pour ne pas inquiéter Francesco, qui s'affligeait toujours du peu de soin que Valerio prenait de sa santé, on masqua par des planches la partie à laquelle il renonçait à mettre la dernière main, et on y travailla toutes les nuits. Un léger matelas fut jeté sur l'échafaud, et lorsqu'un des travailleurs cédait à la fatigue, il s'étendait dessus et goûtait quelques instants de sommeil, interrompu par les chants joyeux des autres et le craquement des planches sous leurs pieds. Ils prenaient tous leur peine en gaieté, et prétendaient n'avoir jamais mieux dormi qu'au bercement de l'échafaudage et au bruit du battoir. L'inaltérable gaieté de Valerio, ses belles histoires, ses folles chansons, et la grande cruche de vin de Chypre qui circulait à la ronde, entretenaient une merveilleuse ardeur. Cette ardeur fut couronnée de succès. La veille de la Saint-Marc, comme la journée finissait, et que Francesco, pour ne pas avoir l'air d'adresser un reproche muet à son frère, affectait une résignation qui était loin de son âme, Valerio donna le signal. Les élèves enlevèrent les planches, et le maître vit le feston et les beaux angelots qui le soutiennent terminés comme par enchantement.

« O mon cher Valerio ! s'écria Francesco, transporté de joie et de reconnaissance, n'ai-je pas été bien inspiré de donner des ailes à ton portrait ? N'es-tu pas mon ange gardien, mon archange libérateur ?

— Je tenais beaucoup, lui dit Valerio en lui rendant ses caresses, à prouver que je pouvais mener de front les affaires et le plaisir. Maintenant, si tu es content de moi, je suis payé de ma peine ; mais il faut embrasser aussi ces braves compagnons qui m'ont si bien secondé, et qui, par là, se sont rendus dignes de la maîtrise : c'est à toi de choisir, je ne dis pas le plus habile, ils sont tous également, mais le plus ancien en titre. »

— Mes bons et chers enfants, leur dit Francesco après les avoir tous cordialement embrassés, vous aviez tous fait naguère le généreux sacrifice de vos droits et de vos désirs en faveur d'un jeune homme malade d'ambition, dont le talent et la souffrance vous semblaient devoir mériter l'intérêt et de la compassion. Vous vous étiez promis de lui prouver qu'il vous accusait à tort d'être ses rivaux et ses ennemis. Plus attachés à mes leçons qu'à la vaine gloire dont il était avide, vous étiez sur le point de lui donner un grand exemple de vertu et de désintéressement, en le portant à la maîtrise volontairement et contre son attente. L'ingrat n'a pas su attendre cet heureux jour, où il eût été forcé de vous chérir et de vous admirer. Il s'est éloigné lâchement de maîtres qu'il n'a pas su comprendre, et de compagnons qu'il n'a pas su apprécier. Oubliez-le ; celui qui vous perd est assez puni : où retrouvera-t-il des amitiés plus sincères, des services plus désintéressés ? Maintenant une place de maître est à votre disposition, car elle est à la mienne, et je n'ai pas d'autre volonté que la vôtre. Dieu me garde de faire un choix parmi les élèves que j'estime et que j'aime tous si tendrement ! Faites donc vous-mêmes son élection. Celui de vous qui réunira le plus de voix aura la mienne.

— Le choix ne sera pas long, dit Marini. Nous avions prévu, cher maître, que tu ferais cette année-ci comme les années précédentes, et nous avons procédé à l'élection. C'est sur moi qu'est tombée la majeure partie des suffrages de l'école, Ceccato m'a donné sa voix, et je suis élu. Mais tout cela est l'effet d'une injustice ou d'une erreur. Ceccato travaille mieux que moi, Ceccato a une femme et deux petits enfants. Il a besoin de la maîtrise, et il y a droit. Moi, je ne suis pas pressé, je n'ai pas de famille. Je suis heureux sous tes ordres ; j'ai encore beaucoup à apprendre. J'abandonne à Ceccato tous mes suffrages, et je lui donne ma voix, à laquelle je te prie, maître, de joindre la tienne.

— Embrasse-moi, mon frère ! s'écria Francesco en serrant Marini dans ses bras. Cette belle action guérit la plaie que l'ingratitude de Bartolomeo m'a faite au cœur. Oui, il y a encore parmi les artistes de grandes âmes et de nobles dévouements. Ne rougis pas, Ceccato, d'accepter ce généreux sacrifice ; à la place de Marini, nous savons tous que tu eusses agi comme il vient de le faire. Sois fier comme si tu étais le héros de cette soirée. Celui qui inspire une telle amitié est l'égal de celui qui l'éprouve. »

Ceccato, tout en larmes, se jeta dans les bras de Marini, et Francesco se mit en devoir d'aller sur-le-champ trouver les procurateurs, afin de leur faire ratifier la promotion de maîtrise due annuellement à un des élèves, aux termes du traité qu'il avait passé avec ces magistrats.

« Nous allons t'attendre à table, lui dit Valerio ; car après tant de fatigues nous avons besoin de nous restaurer. Hâte-toi de venir nous rejoindre, frère, parce que je suis forcé d'aller passer la moitié de la nuit à San-Filippo pour les joyeuses affaires de demain, et que je ne veux pas quitter le souper sans avoir choqué mon verre avec le tien. »

XI.

Au moment où Francesco montait le grand escalier du palais des Procuraties, il rencontra le Bozza qui descendait, pâle et absorbé dans ses pensées. En se trouvant en face de son ancien maître, Bartolomeo tressaillit et se troubla visiblement. Comme Francesco le regardait avec la sévérité qui lui convenait en cette rencontre, son visage se décomposa tout à fait, ses lèvres blêmes s'agitèrent comme s'il eût vainement essayé de parler. Il fit un pas pour se rapprocher du maître et un mouvement comme pour le saluer. Dévoré de remords, le Bozza eût donné sa vie en cet instant pour se jeter aux pieds de Francesco et lui tout confesser ; mais l'accueil glacé de celui-ci, le regard écrasant qu'il jeta sur lui, et le soin qu'il prit d'éviter son salut en détournant la tête dès qu'il lui vit porter la main à sa barrette, ne lui permirent pas de trouver en lui-même la force d'un repentir opportun. Il s'arrêta, incertain, attendant toujours que Francesco se retournât et l'encourageât d'un regard plus indulgent; puis, quand il vit qu'il était décidément condamné et abandonné : « Va donc! » dit-il en serrant le poing avec rage et désespoir. Puis il s'enfuit à grands pas et alla s'enfermer chez sa maîtresse, qui ne put obtenir de lui une seule parole ni un seul regard durant toute cette nuit-là.

Francesco commença par se rendre chez le procura-teur-caissier, qui était le chef de la commission; il fut fort surpris d'y trouver Vincent Bianchini assis dans une attitude familière et pérorant à haute voix. Mais celui-ci se tut aussitôt qu'il le vit paraître, et passa dans une autre pièce qui faisait partie des appartements intérieurs de la procuratie. Le procurateur-caissier Melchiore avait le sourcil froncé, et affectait un air austère auquel sa physionomie courte et large, son ventre rebondi et son parler nasillard donnaient un caractère plus bizarre qu'imposant. Francesco n'était pas homme, d'ailleurs, à se laisser imposer par cette ineptie doctorale; il le salua et lui dit qu'il était heureux de pouvoir lui annoncer l'achèvement complet de la coupole, en conséquence de quoi... Mais le procurateur-caissier ne lui laissa pas le temps de terminer son discours.

« Eh bien! nous y voilà, dit-il en le regardant dans le blanc des yeux avec l'intention visible de l'intimider; c'est à merveille, messer Zuccato; c'est bien cela... Auriez-vous la bonté de m'expliquer comment cela s'est trouvé si vite terminé?

— Si vite, Monseigneur? Cela a été bien lentement à mon gré; car nous voici à la veille du jour marqué, et ce matin encore je craignais beaucoup de n'avoir pas fini à temps.

— Et vous le craigniez avec raison; car hier il vous restait à faire un grand quart de votre feston, la besogne d'environ un mois de travail ordinaire.

— Cela est vrai, répondit Francesco; je vois que Votre Seigneurie est au courant des moindres détails...

— Un homme comme moi, Messer, dit le procurateur avec emphase, connaît les devoirs de sa charge et ne s'en laisse point imposer par un homme comme vous.

— Un homme comme Votre Seigneurie, répondit Francesco surpris de cette boutade, doit savoir qu'un homme comme moi est incapable d'en imposer à per-sonne.

— Baissez le ton, Monsieur, baissez le ton! s'écria le procurateur, ou, par la corne ducale! je vous ferai taire pour longtemps. »

Le procurateur Melchiore avait l'honneur de compter parmi ses grands-oncles un doge de Venise; aussi avait-il pris l'habitude de se croire tant soit peu doge lui-même, et de jurer toujours par la coiffure, en forme de bonnet phrygien ou de corne d'abondance, qui était l'in-signe auguste de la dignité ducale.

« Je crois voir que Votre Seigneurie est mal disposée à m'entendre, répondit Francesco avec une douceur un peu méprisante; je me retirerai dans la crainte de lui déplaire davantage, et j'attendrai un moment plus favo-rable pour...

— Pour demander le salaire de votre paresse et de votre mauvaise foi? s'écria le procurateur. Le salaire des gens qui volent la république est sous les plombs, Mes-ser, et prenez garde qu'on ne vous récompense selon vos mérites.

— J'ignore la cause d'une semblable menace, répondit Francesco, et je pense que Votre Seigneurie a trop de sagesse et d'expérience pour vouloir abuser de l'impossi-bilité où je suis de repousser une injure de sa part. Le respect que je dois à son âge et à sa dignité me ferme la bouche; mais je ne serai pas aussi patient avec les lâches qui m'ont noirci dans son esprit.

— Par la corne! ce n'est pas ici le lieu de faire le spa-dassin, Messer. Songez à vous justifier avant d'accuser les autres.

— Je me justifierai devant Votre Seigneurie, et de ma-

nière à la satisfaire, quand elle daignera me dire de quoi je suis accusé.

— Vous êtes accusé, Messer, de vous être indigne-ment joué des procurateurs en vous donnant pour un mosaïste. Vous êtes un peintre, Messer, et rien autre chose. Eh! vous avez là un beau talent, par la corne de mon grand-oncle! Je vous en fais mon compliment. Mais vous n'avez pas été payé pour faire des fresques, et on verra ce que valent les vôtres.

— Je jure sur mon honneur que je n'ai pas le bonheur de comprendre les paroles de Votre Seigneurie.

— Mordieu! on vous les fera comprendre, et jusque-là n'espérez pas recevoir d'argent. Ah! ah! monsieur le peintre, vous aviez bien raison de dire : « Monsignor Melchiore n'entend rien au travail que nous faisons. C'est un bon homme qui ferait mieux de boire que de diriger les beaux arts de la république. » C'est bien, c'est bien, Messer; on sait les plaisanteries de votre frère et les vôtres sur notre compte et sur le corps respectable des magistrats. Mais rira bien qui rira le dernier! Nous verrons quelle figure vous ferez quand nous examinerons en personne cette belle besogne; et vous verrez que nous nous y connaissons assez pour distinguer l'émail du pin-ceau, le carton de la pierre. »

Francesco ne put réprimer un sourire de mépris.

« Si je comprends bien l'accusation portée contre moi, dit-il, je suis coupable d'avoir remplacé quelque part la mosaïque de pierre par le carton peint. Il est vrai, j'ai fait quelque chose de semblable pour l'inscription latine que Votre Seigneurie m'avait ordonné de placer au-dessus de la porte extérieure. J'ai pensé que Votre Seigneurie, ne s'étant pas donné la peine de rédiger elle-même cette inscription trop flatteuse pour nous, l'avait confiée à une personne qui s'en était acquittée à la hâte. Je me suis donc permis de corriger le mot *Saxibus*. Mais, fidèle à l'obéissance que je dois aux respectables procurateurs, j'ai tracé en pierres ce mot tel qu'il m'a été donné par écrit de leurs mains, et n'ai permis à mon frère de pla-cer la correction que sur un morceau de carton collé sur la pierre. Si Votre Seigneurie pense que j'ai fait une faute, il ne s'agit que d'enlever le carton, et le texte paraîtra dessous, exécuté servilement, comme il ne tiendra qu'à elle de s'en assurer par ses yeux.

— A merveille, Messer! s'écria le procurateur outré de colère. Vous vous dévoilez vous-même, et voilà une nouvelle preuve dont je prendrai note. Holà! mon se-crétaire, prenez acte de cet aveu... Par la corne ducale! Messer, nous ferons baisser votre crête insolente. Ah! vous prétendez corriger les procurateurs! Ils savent le latin mieux que vous. Voyez un peu, quel savant! Qui se serait douté d'une telle variété de connaissances? Je vais réclamer pour vous une chaire de professeur de langue latine à l'Université de Padoue, car, à coup sûr, vous êtes un trop grand génie pour faire de la mosaïque.

— Si Votre Seigneurie tient à son babarisme, répliqua Francesco impatienté, je vais de ce pas enlever mon mor-ceau de carton. Toute la république saura demain que les procurateurs ne se piquent pas de bonne latinité; mais que m'importe à moi? »

En parlant ainsi, il se dirigea vers la porte, tandis que le procurateur lui criait d'une voix impérieuse de sortir de sa présence, ce qu'il ne se fit pas répéter; car il sen-tait qu'il n'était plus maître de lui-même.

A peine était-il sorti du cabinet, que Vincent Bian-chini, qui avait tout écouté de la chambre voisine, rentra précipitamment.

« Eh! Monseigneur, que faites-vous? s'écria-t-il. Vous lui faites savoir que sa fraude est découverte, et vous le laissez partir?

— Que voulais-tu que je fisse? répondit le procura-teur. Je lui ai refusé son salaire et je l'ai humilié. Il est assez puni pour aujourd'hui. Après-demain, on instruira son procès.

— Et pendant ces deux nuits, répliqua Bianchini avec empressement, il s'introduira dans la basilique, et rem-placera toutes les parties de sa mosaïque de carton par des morceaux d'émail; si bien que j'aurai l'air d'avoir fait une fausse déposition, et que mon dévouement à la république tournera contre moi !

— Et comment veux-tu donc que je prévienne ses mauvais desseins? dit le procurateur consterné. Je vais faire fermer l'église.

— Vous ne le pouvez pas; à cause de la Saint-Marc, l'église sera pleine de monde, et qui sait par quels moyens on peut s'introduire dans le bâtiment le mieux fermé? Et puis il va rejoindre ses compagnons, s'entendre avec eux, imaginer des excuses... Tout est manqué, et je suis perdu si vous ne sévissez sur-le-champ.

— Tu as raison, Bianchini, il faut sévir sur-le-champ; mais de quelle manière?

— Dites un mot, envoyez deux sbires après lui, il n'est pas au bas de l'escalier; faites-le jeter en prison.

— Par la corne ducale! cette idée ne m'était pas venue... Mais, Vincent, c'est pourtant bien sévère, un pareil acte d'autorité !...

— Mais, Monseigneur, si vous le laissez échapper, il il se moquera de vous toute sa vie; et son frère, le bel esprit, qui est le favori de tous ces jeunes patriciens jaloux de votre puissance et de votre sagesse, ne vous épargnera pas les quolibets...

— Tu dis bien, cher Vincent! s'écria le procurateur en secouant avec force la clochette placée sur son bureau. Il faut faire respecter la majesté ducale... car je suis de famille ducale, tu le sais?...

— Et vous serez doge un jour, je l'espère, répliqua le Bianchini. Tout Venise compte vous saluer la corne au front... »

Les sbires furent dépêchés. Cinq minutes après, le triste Francesco, sans savoir en vertu de quel pouvoir et en châtiment de quelle faute, fut conduit les yeux bandés, à travers un dédale de galeries, de cours et d'escaliers, vers le cachot qui lui était destiné. Il s'arrêta un instant durant ce mystérieux voyage, et, au bruit de l'eau qui murmurait au-dessous de lui, il comprit qu'il traversait le Pont des Soupirs. Son cœur se serra, et le nom de Valerio erra sur ses lèvres comme un éternel adieu.

XII.

Valerio attendit son frère à la taverne jusqu'au moment où, pressé par les jeunes gens qui étaient venus l'y chercher, il lui fallut renoncer à l'espoir de trinquer ce soir-là avec lui et avec le nouveau maître Ceccato. Chargé de mille soins, accablé de mille demandes pour la fête du lendemain, il passa la moitié de la nuit à courir de son atelier de San-Filippo à la place Saint-Marc, où se faisaient les dispositions du jeu de bagues, et de là chez les différents ouvriers et fournisseurs qu'il employait à cet effet. Dans toutes ces courses, il fut accompagné de ses braves apprentis et de plusieurs autres garçons de différents métiers qui lui étaient tout dévoués, et qu'il employait aussi à porter des avertissements d'un lieu à un autre. Lorsque la bande folâtre se remettait en marche, c'était au bruit des chansons et des rires, joyeux préludes des plaisirs du lendemain.

Valerio ne rentra à son logis que vers trois heures du matin. Il fut surpris de n'y pas trouver son frère, et cependant il ne s'en inquiéta pas plus que de raison. Francesco avait une petite affaire de cœur, qu'il négligeait tant que l'art, sa passion dominante, revendiquait tous ses instants, mais pour laquelle il s'absentait assez ordinairement quand les travaux lui laissaient un peu de répit. Valerio n'était d'ailleurs guère porté par nature à prévoir les maux dont la seule appréhension use le courage de la plupart des hommes. Il s'endormit, comptant retrouver son frère le lendemain à San-Filippo ou au premier lieu de réunion des joyeux compagnons du Lézard.

Tout le monde sait que, dans les beaux jours de sa splendeur, la république de Venise, outre les nombreux corps constitués qui maintenaient ses lois, comptait dans son sein une foule de corporations privées approuvées par le sénat, d'associations dévotes encouragées par le clergé, et de joyeuses compagnies tolérées et même flattées en secret par un gouvernement jaloux de maintenir avec le goût du luxe l'activité des classes ouvrières. Les confréries dévotes étaient souvent composées d'une seule corporation, lorsqu'elle était assez considérable pour fournir aux dépenses, comme celle des marchands, celle des tailleurs, celle des bombardiers, etc. D'autres se composaient des divers artisans ou commerçants de toute une paroisse, et en prenaient le nom, comme celle de Saint-Jean-Élémosinaire, celle de la Madone du Jardin, celle de Saint-George dans l'Algue, celle de Saint-François de la Vigne, etc. Chaque confrérie avait un bâtiment qu'elle appelait son atelier (scuola), et qu'elle faisait décorer à frais communs des œuvres des plus grands maîtres en peinture, en sculpture et en architecture. Ces ateliers se composaient ordinairement d'une salle basse, appelée l'albergo, où s'assemblaient les confrères, d'un riche escalier, qui était lui-même une sorte de musée, et d'une vaste salle où l'on disait la messe et où se tenaient les conférences. On voit encore à Venise plusieurs scuole, que le gouvernement a fait conserver comme des monuments d'art, ou qui sont devenues la propriété de quelques particuliers. Celle de Saint-Marc est aujourd'hui le musée de peinture de la ville; celle de Saint-Roch renferme plusieurs chefs-d'œuvre du Tintoret ou d'autres maîtres illustres. Les pavés de mosaïque, les plafonds chargés de dorures ou ornés de fresques du Véronèse ou de Pordenone; les lambris sculptés en bois ou ciselés en bronze, les minutieux et coquets bas-reliefs où l'histoire entière du Christ ou de quelque saint de prédilection est exécutée en marbre blanc avec un fini et un détail inconcevables, tels sont les vestiges de cette puissance et de cette richesse à laquelle peuvent atteindre les républiques aristocratiques, mais sous lesquelles elles sont infailliblement condamnées à périr.

Outre que chaque corporation ou confrérie avait sa fête patronale, appelée sagra, où elle déployait toutes ses splendeurs, elle avait le droit de paraître à toutes les fêtes et solennités de la république, revêtue des insignes de son association. A la procession de la Saint-Marc, elles avaient rang de paroisse, c'est-à-dire qu'elles marchaient à la suite du clergé de leur église, portant leurs châsses, croix et bannières, et se plaçant dans des chapelles réservées durant les offices. Les joyeuses compagnies n'avaient pas les mêmes privilèges, mais leur permettait de s'emparer de la grande place, d'y dresser leurs tentes, d'y établir leurs joutes et banquets. Chaque compagnie prenait son titre et son emblème à sa fantaisie, et se recrutait là où bon lui semblait; quelques-unes n'étaient formées que de patriciens, d'autres admettaient indistinctement patriciens et plébéiens, grâce à cette fusion apparente des classes qu'on remarque encore aujourd'hui à Venise. Les anciennes peintures nous ont conservé les costumes élégants et bizarres des compagni de la Calza, qui portaient un bas rouge et un bas blanc, et le reste de l'habillement varié des plus brillantes couleurs. Ceux de Saint-Marc avaient un lion d'or sur la poitrine, ceux de Saint-Théodose un crocodile d'argent sur le bras, etc., etc.

Valerio Zuccato, célèbre par son goût exquis et son adresse diligente à inventer et à exécuter ces sortes de choses, avait lui-même ordonné et dirigé tout ce qui avait rapport aux ornements extérieurs, et on peut dire qu'en ce genre la compagnie du Lézard éclipsa toutes les autres. Il avait pris pour emblème cet animal grimpant, parce que toutes les classes d'artistes et d'artisans qui lui avaient fourni leurs membres d'élite, architectes, sculpteurs, vitriers et peintres sur verre, mosaïstes et peintres de fresque, étaient, par la nature de leurs travaux, habitués à gravir et à exister, en quelque sorte, suspendus aux parois des murailles et des voûtes.

Le jour de Saint-Marc 1570, selon Stringa, et 1574, selon d'autres auteurs, l'immense procession fit le tour de la place Saint-Marc sous les tentes en arcades dressées à cet effet en dehors des arcades des Procuraties, trop basses pour donner passage aux énormes croix d'or massif, aux gigantesques chandeliers, aux châsses de lapis-lazuli surmontées de lis d'argent ciselés, aux reliquaires terminés en pyramides de pierres précieuses, en un mot à tout l'attirail ruineux dont les prêtres sont si jaloux et les bourgeois des corporations si vains. Aussitôt que les chants religieux se furent engouffrés sous les portiques béants de la basilique, tandis que les enfants et les pauvres recueillaient les nombreuses gouttes de cire parfumée répandues sur le pavé par des milliers de cierges, et cherchaient avidement quelque pierrerie, quelque perle échappée aux joyaux sacrés, on vit se découvrir comme par enchantement, au milieu de la place, un vaste cirque entouré de tribunes en bois, gracieusement décorées de festons bariolés et de draperies de soie, sous lesquelles les dames pouvaient s'asseoir à l'abri du soleil et contempler la joute. Les piliers qui soutenaient ces tribunes étaient couverts de banderoles flottantes, sur lesquelles on lisait des devises galantes, dans le naïf et spirituel dialecte de Venise. Au milieu s'élevait un pilier colossal, en forme de palmier, sur la tige duquel grimpaient une foule de charmants lézards dorés, argentés, verts, bleus, rayés, variés à l'infini; de la cime de l'arbre, un beau génie aux ailes blanches se penchait vers cette troupe agile, et lui tendait de chaque main une couronne. Au bas de la tige, sur une estrade de velours cramoisi, sous un dais de brocart orné des plus ingénieuses arabesques, siégeait la reine de la fête, la donneuse de prix, la petite Maria Robusti, fille du Tintoret, belle enfant de dix à douze ans, que Valerio se plaisait à appeler en riant la dame de ses pensées, et pour laquelle il avait les plus tendres soins et les plus complaisantes attentions. Lorsque les tribunes furent remplies, elle parut habillée à la manière des anges de Giambellino, avec une tunique blanche, une légère draperie bleu de ciel et un délicat feston de jeune vigne sur ses beaux cheveux blonds, qui formaient un épais rouleau d'or autour de son cou d'albâtre. Messer Orazio Vecelli, fils du Titien, lui donnait la main; il était vêtu à l'orientale, car il arrivait de Byzance avec son père. Il s'assit auprès d'elle, ainsi qu'un nombreux groupe de jeunes gens distingués par leur talent ou par leur naissance, à qui l'on avait réservé des places d'honneur sur les gradins de l'estrade. Les tribunes étaient remplies des dames les plus brillantes, escortées de galants cavaliers. Dans une vaste enceinte réservée, plusieurs personnages importants ne dédaignèrent pas de prendre place. Le doge leur en donna l'exemple : il accompagnait le jeune duc d'Anjou, qui allait devenir Henri III, roi de France, et qui était alors de passage à Venise. Luigi Mocenigo (le doge) avait à cœur de lui faire pour ainsi dire les honneurs de la ville, et de déployer à ses yeux, habitués à la joie plus austère et aux fêtes plus sauvages des Sarmates, le luxe éblouissant et la gaieté pleine de charmes de la belle jeunesse de Venise.

Quand tous furent installés, un rideau de pourpre se leva, et les brillants compagnons du Lézard, sortant d'une tente fermée jusque-là, parurent en phalange carrée, ayant en tête les musiciens vêtus des costumes grotesques des anciens temps, et au centre leur chef Valerio. Ils s'avancèrent en bon ordre jusqu'en face du doge et des sénateurs. Là, les rangs s'ouvrirent, et Valerio, prenant des mains du porte-étendard la bannière de satin rouge sur laquelle étincelait le lézard d'argent, se détacha de la troupe, et vint saluer, un genou en terre, le chef de la république. Il y eut un murmure d'admiration à la vue de ce beau jeune homme, dont le costume, étrange et magnifique, faisait ressortir la taille élégante et gracieuse. Il était serré dans un justaucorps de velours vert à larges manches tailladées, et ouvert sur la poitrine pour laisser voir un corselet d'étoffe de Smyrne à fond d'or, semé de fleurs de soie admirablement nuancées; il portait sur la cuisse gauche l'écusson de la compagnie, représentant le lézard brodé en perles fines sur un fond de velours cramoisi; son baudrier était un chef-d'œuvre d'arabesques, et son poignard, enrichi de pierreries, était un don de messer Tiziano, qui le lui avait rapporté d'Orient; une superbe plume blanche,

attachée par une agrafe de diamants à sa barrette, pendait en arrière jusque sur sa ceinture, et se balançait avec souplesse à chacun de ses mouvements, comme l'aigrette majestueuse que le faisan de Chine couche et relève avec grâce à chaque pas.

Un instant, la joie d'un tel succès et le naïf orgueil de la jeunesse brillèrent sur le front animé du jeune homme, et ses regards étincelants errèrent sur les tribunes et surprirent tous les regards attachés sur lui. Mais bientôt cette joie fugitive fit place à une sombre inquiétude ; ses yeux cherchèrent de nouveau avec anxiété quelqu'un dans la foule, et ne l'y trouvèrent pas. Valerio étouffa un soupir et rentra dans sa phalange, où il demeura préoccupé, insensible à la gaieté des autres, sourd au bruit de la fête, et le front chargé d'un épais nuage : Francesco, malgré la parole qu'il avait donnée de présenter lui-même l'étendard au doge, n'avait pas paru.

XIII.

La brillante phalange des compagnons du Lézard fit trois fois le tour du cirque aux grands applaudissements du public, qui s'émerveilla, non sans raison, de la belle tenue et de la bonne mine de tous ces jeunes champions. Selon les statuts de la compagnie, il fallait, pour être admis, avoir une certaine taille, n'avoir aucune difformité, n'être pas âgé de plus de quarante ans, appartenir à une famille honnête, par conséquent ne porter au front aucun de ces signes de dégradation héréditaire qui perpétuent, de génération en génération, les stigmates du vice originel sous forme de laideur physique. Chaque récipiendaire avait été tenu de faire ses preuves de bonne santé, de franchise et de loyauté, en buvant abondamment le jour de l'épreuve. Valerio avait pour système qu'un bon artisan doit supporter le vin sans être incommodé, et qu'un honnête homme n'a rien à craindre pour sa réputation, ni pour celle de ses proches, de la sincérité forcée de l'ivresse. Il est même assez curieux de rapporter ici certains statuts de cette constitution bachique.

« Ne sera point admis quiconque, ayant bu six mesures de vin de Chypre, tombera dans l'idiotisme.

« Ne sera point admis quiconque, à la septième mesure, babillera au détriment d'un ami ou d'un compagnon.

« Ne sera point admis quiconque, à la huitième mesure, trahira le secret de ses amours et dira le nom de sa maîtresse.

« Ne sera point admis quiconque, à la neuvième mesure, livrera les confidences d'un ami.

« Ne sera point admis quiconque, à la dixième mesure, ne saura pas s'arrêter et refuser de boire. »

Il serait difficile aujourd'hui de déterminer quelle était cette mesure de vin de Chypre; mais si nous en jugeons par le poids des armures qu'ils portaient au combat, et dont les échantillons formidables sont restés dans nos musées, il est à croire qu'elle ferait reculer aujourd'hui les plus intrépides buveurs.

Les compagnons du Lézard portaient, comme leur chef, le pourpoint blanc et le reste de l'habillement blanc, collant; mais ils avaient le pourpoint de dessous en soie jaune, la plume écarlate, et l'écusson noir et argent.

Quand la compagnie eut promené et montré suffisamment ses costumes et ses bannières, elle rentra sous sa tente, et vingt paires de chevaux parurent dans l'arène. C'était un luxe fort goûté à Venise que d'introduire ces nobles animaux dans les fêtes; et, comme si l'idée que s'en formait un peuple peu habitué à en voir ne pouvait pas être satisfaite par la réalité, on les métamorphosait, à l'aide de parures fort bizarres, en animaux fantastiques. On peignait leur robe, on leur adaptait de fausses queues de renard, de taureau ou de lion; on leur mettait sur la tête, soit des aigrettes d'oiseaux, soit des cornes dorées, soit des masques d'animaux chimériques. Ceux que la compagnie du Lézard fit paraître étaient plus beaux et par conséquent moins follement travestis qu'il n'était d'usage à cette époque. Néanmoins quelques-uns étaient déguisés en licornes par une longue corne d'argent adaptée au frontal de leur bride; d'autres avaient des dragons étincelants ou des oiseaux empaillés sur la tête; tous étaient peints soit en rose, soit en bleu turquin, soit en vert pomme, en rouge écarlate; d'autres étaient rayés comme des zèbres ou tachetés comme des panthères; à d'autres, on avait simulé les écailles dorées des grands poissons de mer. Chaque paire de chevaux, pareillement harnachés, entra dans la lice, conduite par un *Moretto* ou petit esclave noir, bizarrement vêtu, et marchant entre les deux quadrupèdes, qui caracolaient agréablement, au bruit des fanfares et des cris d'enthousiasme.

Le seul Valerio, soumis aux lois d'un goût plus pur, parut sur un cheval turc, blanc comme la neige, et d'une beauté remarquable. Il n'avait qu'une simple housse de peau de tigre, et de grandes bandelettes d'argent lui servaient de rênes; ses crins, longs et soyeux, mêlés à des fils d'argent, étaient tressés, et chaque tresse se terminait par une belle fleur de grenade en argent ciselé, d'un travail exquis. Ses sabots étaient argentés, et sa queue abondante et magnifique battait librement ses flancs généreux. Il avait, comme son maître, l'enseigne de la compagnie, le lézard d'argent sur fond cramoisi, peint avec un soin extrême sur la cuisse gauche; et comme il avait l'honneur de porter le chef, il était le seul cheval décoré de l'écusson.

Valerio fit découpler les chevaux, et, se plaçant au pied de l'estrade où était la petite Maria Robusti, il agréa dix de ses joyeux compagnons qui s'offrirent pour soutenir les défis, et qui, montant sur dix chevaux, se placèrent à ses côtés, cinq à sa droite, cinq à sa gauche. Puis les jeunes Maures promenèrent encore les dix autres chevaux dépareillés autour de l'arène, en attendant que dix champions, pris dans le public, se présentassent pour la course. Ils ne se firent pas longtemps attendre, et les jeux commencèrent.

Après avoir couru la bague, gagné et perdu alternativement les prix, d'autres jeunes gens sortirent des tribunes et se présentèrent pour remplacer les battus, tandis que d'autres compagnons du Lézard remplacèrent ceux de leur camp qui avaient été vaincus. Les jeux se prolongèrent ainsi quelque temps; le chef resta toujours à cheval, présidant aux jeux, allant, venant, et s'entretenant le plus souvent avec sa chère petite Maria, qui le suppliait vainement d'y prendre part, car c'était à lui seul, disait-elle, qu'il eût voulu décerner le grand prix. Valerio avait, dans tous ces exercices, une supériorité dont il dédaignait de faire parade; il aimait mieux protéger et ranimer les plaisirs de ses compagnons. D'ailleurs il était triste et distrait; il ne concevait pas qu'après le dévouement dont il avait fait preuve en terminant le travail de son frère, celui-ci poussât la rigidité au point de ne pas même assister à la fête comme spectateur.

Mais Valerio sortit de sa rêverie lorsque les trois Bianchini descendirent dans l'arène et demandèrent à se mesurer avec les plus habiles coureurs de la compagnie. Dominique Bianchini, dit le Rossetto, était très-bon cavalier. Il avait habité longtemps d'autres pays que Venise, où le talent de l'équitation était fort peu répandu. Les compagnons du Lézard n'étaient pas tous capables de se tenir sur les étriers; ceux-là seuls qui avaient été élevés à la campagne ou qui étaient étrangers à la ville, savaient manier la bride et rester d'aplomb sur cette monture moins paisible que la gondole vénitienne. Trois des plus exercés se présentèrent pour faire tête aux Bianchini, et furent vaincus au premier tour; trois autres leur succédèrent et eurent le même sort. L'honneur de la compagnie était compromis. Valerio commençait à en souffrir; car jusque-là ses cavaliers avaient eu l'avantage sur tous les jeunes gens de la ville, et même sur de nobles seigneurs qui n'avaient pas dédaigné de se mesurer avec eux. Cependant il avait le cœur si triste, qu'il ne se souciait point de relever le gant et de rabaisser l'orgueil des Bianchini. Vincent voyant son indifférence, et l'at-

tribuant à la crainte d'être vaincu, lui cria de sa voix de maçon :

« Holà ! eh ! monseigneur le prince des Lézards, êtes-vous changé en tortue, et ne trouverez-vous plus de champions à nous opposer? »

Valerio fit un signe, Ceccato et Marini s'avancèrent.

« Et vous, seigneur Valerio, royauté lézardée, s'écria de son côté Dominique le Rouge, ne daignerez-vous pas vous risquer avec un antagoniste d'aussi mince qualité que moi?

— Tout à l'heure, s'il le faut, répondit Valerio. Laissez vos frères s'essayer d'abord avec mes deux compagnons, et, si vous êtes battus, je vous donnerai revanche. »

Les deux Bianchini eurent encore la victoire, et Valerio, résolu à ne pas leur laisser l'avantage, piqua enfin son cheval et le lança au galop. Les fanfares éclatèrent en sons plus fiers et plus joyeux lorsqu'on le vit, rapide comme l'éclair, faire trois fois le tour de l'arène sans daigner lever le bras ni regarder le but, et, tout à coup, lorsqu'il semblait penser à autre chose et agir comme par distraction, emporter les cinq bagues d'un air nonchalant et dédaigneux. Les Bianchini n'en avaient encore pris que quatre; ils étaient fatigués d'ailleurs, et, comme ils avaient toujours gagné jusque-là, leur défaite n'était pas propre à leur causer beaucoup de honte. Mais le Rossetto, qui n'avait pas pris part à cette dernière épreuve et qui se reposait depuis quelques instants, brûlait du désir d'humilier Valerio. Il le haïssait particulièrement, surtout depuis que Valerio l'avait empêché d'être reçu dans la compagnie du Lézard, pour cause de laideur repoussante. Vincent, son frère aîné, avait été repoussé aussi pour avoir forfait à l'honneur et subi un procès infamant. Gian Antonio seul était admis à l'épreuve; mais il n'avait pas pu boire trois mesures de vin sans perdre la tête et sans insulter par ses paroles plusieurs personnes respectables. Tous trois se trouvaient donc exclus de la compagnie d'une manière très-mortifiante, et, pour se venger, ils avaient fait accroire au Bozza qu'il était rejeté d'avance, parce qu'il était bâtard, et l'avaient ainsi empêché de se mettre sur les rangs.

Dominique s'élança donc au-devant de Valerio, qui voulait retourner à sa place et laisser la partie à un autre.

« Vous m'avez promis revanche, don Lézard, lui dit-il; retirez-vous déjà votre épingle du jeu? »

Valerio se retourna, regarda Dominique avec un sourire de mépris, et rentra dans l'arène avec lui sans l'honorer d'une autre réponse.

« Commencez, puisque vous êtes gagnant, dit Dominique d'un air d'ironie; à tout seigneur tout honneur. »

Valerio s'élança et fit quatre bagues; mais ce qui ne lui arrivait pas une fois sur cent lui arriva à la cinquième bague : il la fit tomber par terre. Il avait été troublé par la figure de son père, qui venait tout à coup de se montrer à une des tribunes voisines. Le vieux Zuccato semblait soucieux; il cherchait des yeux Francesco, et le regard sévère qu'il jeta à Valerio semblait lui demander, comme autrefois de la voix mystérieuse à Caïn : — Qu'as-tu fait de ton frère?

Les Bianchini avaient laissé échapper un cri de joie. Ils se croyaient sûrs d'être vengés par Dominique; mais la précipitation orgueilleuse avec laquelle celui-ci fournit sa carrière le trahit. Il manqua la quatrième bague : Valerio était vainqueur. Dans toute autre circonstance, cette victoire n'eût pas satisfait son amour-propre; mais il était si pressé de clore les jeux et d'aller à la recherche de son frère, qu'il respira en se voyant enfin autorisé à aller recevoir le prix. Déjà les petites mains de Maria lui tendaient l'écharpe brodée, et il s'apprêtait à mettre pied à terre, au bruit des acclamations, lorsque Bartolomeo Bozza, vêtu de noir de la tête aux pieds et la barrette ornée d'une plume d'aigle, parut dans l'arène si brusquement, qu'il sembla sortir de dessous terre. Il demandait à soutenir la partie des Bianchini.

« J'en ai assez, le jeu est fini, dit Valerio avec humeur.

— Et depuis quand, s'écria le Bozza d'une voix âcre et mordante, un chef de course recule-t-il, au dernier

Il comprit qu'il traversait le Pont des Soupirs (Page 24.)

moment, devant la crainte de perdre un prix mal acquis! Aux termes du franc jeu, vous deviez une revanche
à messer Dominique; car il a été visiblement distrait à
son dernier tour. D'ailleurs il est extrêmement fatigué,
et vous ne devez pas l'être. Voyons! si vous n'êtes pas
aussi craintif et aussi fugace que le lézard, votre emblème, vous devez me donner partie.

— Je vous donnerai cette partie, répondit Valerio ir-
rité; mais ce soir ou demain vous m'en donnerez une
d'un genre plus sérieux pour la manière dont vous osez
me parler. Allez, commencez. Je vous cède la main et
vous rends trois points.

— Je n'en veux pas un seul, s'écria le Bozza. Vite, un
cheval !... Quoi! cette pitoyable rosse? dit-il en se retournant vers le Maure qui lui présentait un cheval fou-
gueux. N'en avez-vous pas une moins éreintée?

En parlant ainsi, il s'élança sur le coursier avec une
légèreté surprenante, sans mettre le pied à l'étrier, et
il le fit cabrer et caracoler avec une audace qui prévint
tout le monde en sa faveur; puis s'élançant comme la
foudre dans la carrière :

« Je ne joue jamais moins de dix bagues! cria-t-il d'un
ton arrogant.

— Soit, dix bagues! » répondit Valerio, dont l'air
soucieux commençait à ébranler la confiance de ses partisans.

Le Bozza enleva les dix bagues en un seul tour ; puis,
arrêtant brusquement son cheval lancé au galop, à la
manière intrépide et vigoureuse des Arabes, il sauta par
terre tandis que l'animal se cabrait encore, jeta sa dague
de jeu au milieu de l'arène, et alla se coucher nonchalamment aux pieds de Marietta Robusti, en regardant
son adversaire d'un air froidement ironique.

Valerio, blessé au vif, sentit son courage renaître ; il
avait onze bagues à prendre pour gagner. C'était bien
ce qu'il était capable de faire, mais non ce qu'il avait
précisément coutume de faire ; car les parties étaient
rarement de plus de cinq, et il fallait que Bozza se fût
beaucoup exercé pour obtenir d'emblée un tel succès.
Néanmoins le mépris et le ressentiment donnaient des
forces au jeune maître. Il partit et fit neuf bagues avec
bonheur ; mais, au moment de toucher la dixième, il

En parlant ainsi, il ôta sa riche chaîne d'or et la lui passa au cou. (Page 27.)

sentit qu'il tremblait, et donna un coup d'éperon à son cheval, afin de le faire dérober et d'avoir un prétexte pour se reprendre.

« *Eh bien !* » dit une voix dans la tribune voisine.

C'était la voix du vieux Zuccato; elle semblait dire : « Vous perdez du temps, Valerio, et votre frère est en danger. » Du moins Valerio se l'imagina, car il avait l'esprit frappé. Il ramena son cheval, et fit la dixième bague.

Le Bozza pâlit. Une seule bague restait à faire pour qu'il fût vaincu; mais elle était décisive, et Valerio était visiblement ému. Cependant l'orgueil combattait cette terreur secrète, et il eût gagné infailliblement si Vincent Bianchini, voyant son triomphe imminent, et se trouvant à portée de se faire entendre de lui, ne lui eût dit en lui lançant un regard de malédiction :

« Oui, joue, gagne, réjouis-toi, animal rampant; tu ne tarderas pas à ramper sous les plombs avec ton frère ! »

Au moment où il prononçait ce dernier mot, Valerio enfilait la bague; il devint pâle comme la mort, et la laissa tomber. Des huées partirent de tous côtés; les compagnons et tous les partisans des Bianchini firent éclater une joie insolente et furieuse.

« Mon frère ! s'écria Valerio, mon frère sous les plombs ! Où est le misérable qui a dit cela ? Qui a vu mon frère, qui peut me dire où est mon frère ? »

Mais ses cris se perdirent dans le tumulte; l'ordre était rompu; le Bozza recevait le prix, et s'en allait porté en triomphe par l'école des Bianchini, à laquelle se joignirent en cortège tous les mécontents qu'avaient faits les refus d'admission dans la compagnie du Lézard. Mille grossiers quolibets, mille lazzi sanglants partaient de cette horde bruyante. Les dames effrayées se pressaient contre les échafauds pour laisser passer cette bacchanale. Les compagnons du Lézard voulaient tirer l'épée et courir sus. Les sbires et les hallebardiers avaient grand'-peine à les retenir. La foule s'écoulait en plaignant le beau Valerio, auquel presque tout le monde, et l'on peut dire toutes les femmes, s'intéressaient vivement. La petite Maria pleurait, et de dépit jeta sa couronne sous les pieds des chevaux. Dans ce pêle-mêle bruyant, Valerio, insensible à sa défaite et torturé d'inquiétude pour son frère, se mit à courir au hasard, la figure renversée, demandant son frère à tous ceux qu'il rencontrait.

XIV.

« A quoi songes-tu, maître? lui dit Ceccato en le joignant au milieu de la foule et en lui saisissant le bras. Comment est-il possible que tu te laisses troubler à ce point par une parole lâche et insolente! Ne vois-tu pas que Bianchini a imaginé cette méchante ruse pour te faire manquer la bague? Il mérite d'être châtié. Mais si tu abandonnes tes compagnons, si tu attristes la fête par ton absence, les Bianchini vont triompher. Il est aisé de comprendre qu'ils ont tout fait pour cela, afin de se venger de leur expulsion. Allons, maître, viens reconduire la petite reine et faire le tour des quais avec la musique; la compagnie ne peut se promener sans son chef. A l'heure des vêpres, nous chercherons messer Francesco.

— Mais où peut-il être? dit Valerio en joignant les mains. Qui sait ce qu'on peut avoir imaginé pour le faire jeter en prison!

— En prison! c'est impossible, maître! de quel droit et sous quel prétexte? Jette-t-on un homme en prison sur le premier propos venu?

— Et cependant il n'est pas ici. Il faut qu'une raison bien grave le retienne. Il sait que je ne puis être heureux à cette fête sans lui; et quoiqu'il n'aime pas les fêtes, il me devait bien cette marque de complaisance, cette récompense de mon travail. Il faut que nos ennemis l'aient attiré dans une embûche, assassiné peut-être! Vincent Bianchini est capable de tout.

— Maître, ta raison est malade; pour l'amour du ciel! reviens parmi nous. Vois, notre phalange découragée se disperse, et, si nous ne prenons notre revanche à la régate de ce soir, les Bianchini crieront si haut, qu'il ne sera question demain dans tout Venise que du grand fiasco de la compagnie du Lézard. »

Valerio se laissa un peu rassurer par la pensée que Francesco avait pu aller voir son frère et être retenu par lui. La bizarrerie et la sévérité du vieux Zuccato autorisaient jusqu'à un certain point cette supposition, et le regard mécontent qu'il avait jeté sur Valerio pouvait faire croire à celui-ci qu'il était venu pour le blâmer. Il tenta donc de rejoindre son père dans la foule, sauf à essuyer ses amers quolibets, dont, malgré sa tendresse pour ses fils, le vieillard était prodigue. Mais il ne put parvenir à le trouver. D'ailleurs, entouré par ses compagnons mécontents, il fut forcé, pour ne pas les voir tout à fait se débander et renoncer à leur joyeuse journée, de marcher à leur tête sur la grande rive du canal Saint-George, aujourd'hui le quai des Esclavons.

Le son animé des instruments, la gaieté un peu fière et maligne de la petite Marietta, que quatre compagnons portaient dans une sorte de palanquin élégamment décoré de fleurs, de banderoles et d'arabesques arrangées par Valerio, l'admiration de tout le peuple des lagunes et de tous les matelots du port attroupés sur la rive et à bord des bâtiments à l'ancre, le bruit et le mouvement, ranimèrent un peu Valerio. Il renaissait à l'espérance de retrouver son frère pendant les offices, dont on sonnait les premiers coups, et qui allaient suspendre les divertissements, lorsqu'une gaine de poignard tomba des combles du palais ducal à ses pieds. Frappé d'une subite révélation, il la saisit, et en tira un billet écrit avec un bout de fusain qui s'était trouvé par bonheur dans la poche de Francesco.

« Compagnons qui passez dans la joie, au son des fanfares, dites à Valerio Zuccato que son frère est sous les plombs, et qu'il attend de lui... » Le billet n'en contenait pas davantage. Entendant le musique se rapprocher, et craignant de la laisser passer, Francesco, qui ne pouvait rien voir, mais qui connaissait la marche favorite de Valerio jouée par les hautbois, ne s'était pas donné le temps d'achever sa pensée, et il avait lancé son avertissement par la fente ménagée au haut des fenêtres mu-

rées qu'on appelle avec raison jour de souffrance en style de maçonnerie,

Un cri terrible sortit de la poitrine de Valerio, et Francesco, malgré le bruit des instruments et celui de la foule, entendit sa voix de tonnerre prononcer ces mots:

« Mon frère sous les plombs! Malheur! malheur à ceux qui l'y ont fait monter! »

Valerio s'arrêta par un mouvement si énergique, qu'une armée entière ne l'eût pas entraîné. Toute la compagnie s'arrêta spontanément avec lui; la fatale nouvelle fut répandue en un instant dans tous les rangs, et l'on se dispersa, les uns pour suivre Valerio, qui s'élança comme la foudre sous les arcades du palais, les autres pour chercher les Bianchini et leur arracher de force le secret de leurs machinations.

Valerio courait, transporté de rage et de douleur, sans trop savoir où il allait. Mais, obéissant à je ne sais quel instinct, il entra dans la cour du palais ducal. Le doge remontait en cet instant l'escalier des Géants avec le duc d'Anjou, les procurateurs et une partie du sénat. Valerio s'élança audacieusement au milieu de tous ces magnifiques seigneurs, et, se faisant jour par la force, il alla se jeter aux pieds du doge, et le saisit même par son manteau d'hermine.

— Qu'as-tu, mon enfant? dit Mocenigo en se retournant vers lui avec bonté. D'où vient que ton beau visage porte l'empreinte du désespoir? As-tu subi une injustice? puis-je la réparer?

— Altesse, s'écria Valerio en portant à ses lèvres le pan du manteau ducal, oui, j'ai subi une grande injustice, et mon âme est brisée par la douleur. Mon frère aîné, Francesco Zuccato, le meilleur artiste en mosaïque qu'il y ait dans toute l'Italie, le plus brave champion et le plus honnête citoyen de la république, a été conduit aux plombs, sans ton ordre, sans ta permission, et je viens te demander justice.

— Aux plombs! Francesco Zuccato! s'écria le doge. Qui peut avoir infligé un châtiment si sévère à un si brave jeune homme, à un si vaillant artiste? et s'il a commis une faute qui mérite châtiment, comment n'en suis-je pas informé? qui a donné cet ordre? lequel de vous, Messieurs, m'en rendra compte? »

Personne ne répondit. Valerio reprit la parole. — Altesse, dit-il, les procurateurs chargés des travaux de la basilique doivent le savoir; monsignor Melchiore le caissier doit bien le savoir.

— Je le saurai, Valerio, répondit le doge. Rassure-toi, justice sera rendue. Laisse-nous passer.

— Altesse, frappe-moi du pommeau de ton épée si mon audace t'offense, dit Valerio sans abandonner le manteau du doge; mais écoute la plainte du plus fidèle de tes concitoyens. Francesco Zuccato n'a pu commettre aucune faute. C'est un homme qui n'a jamais eu seulement la pensée du mal. Le mettre aux plombs, c'est lui faire une injure dont il ne se consolera jamais, et dont toute la ville sera informée dans une heure, si tu ne lui fais rendre la liberté, si tu ne permets qu'il se montre avec ses compagnons à tout ce public qui s'étonne de ne pas l'avoir vu paraître à leur tête. Et puis, Altesse, écoute-moi: Francesco est frêle de corps comme un roseau des lagunes. S'il passe un jour de plus sous les plombs, c'est assez pour qu'il n'en sorte jamais, et tu auras perdu le meilleur artiste et le meilleur citoyen de la république; et il en résultera des malheurs, car je le jure par le sang du Christ...

— Tais-toi, enfant, interrompit le doge avec gravité. Ne fais pas de menaces insensées. Je ne puis faire mettre un prisonnier en liberté sans l'agrément du sénat, et le sénat ne le fera pas sans avoir examiné pour quelle faute il subit ce châtiment; car il faut qu'un soupçon grave pèse sur la tête d'un homme pour qu'on le mette aux plombs. Je t'ai promis justice, ne doute pas du père de la république; mais rends-toi digne de sa protection par une conduite sage et prudente. Tout ce que je puis faire pour adoucir ton inquiétude et l'ennui de ton frère, c'est de te permettre d'aller le trouver, afin de lui donner tes soins si sa santé les réclame.

— Merci, Altesse; sois bénie pour cette permission, » dit Valerio en baissant la tête et en abandonnant le manteau du doge, qui reprit sa marche. Le duc d'Anjou s'arrêta devant Valerio, et lui dit avec un gracieux sourire : « Jeune homme, prends courage ; je te promets de rappeler au doge qu'il s'est engagé à faire prompte justice ; et si ton frère te ressemble, je ne doute pas qu'il ne soit un vaillant cavalier et un loyal sujet. Sache que, malgré ta défaite, je te regarde le héros de la joute, et que je m'intéresse tellement à ta bonne mine et à tes grands talents, que je veux t'attirer à la cour de France quand la noble république de Venise n'aura plus besoin de tes services. »

En parlant ainsi, il ôta sa riche chaîne d'or et la lui passa au cou en le priant de la garder en souvenir de lui.

XV.

Valerio fut conduit par deux hallebardiers à la prison de son frère.

« Et toi aussi ! s'écria Francesco ; les méchants l'emportent aussi sur toi, mon pauvre enfant ? A quoi t'a servi d'être sans ambition et sans vanité ? Sainte modestie, ils ne t'ont pas respectée non plus !

— Je ne suis pas prisonnier par la volonté des méchants, répondit Valerio en le serrant dans ses bras, je le suis par la mienne propre. Je ne te quitte plus. Je viens partager ton lit de paille et ton pain noir. Mais dis-moi qui t'a conduit ici, et sous quel prétexte ?

— Je l'ignore, répondit Francesco ; mais je n'en suis pas étonné : ne sommes-nous pas à Venise ? »

Valerio essaya de consoler son frère et de lui persuader qu'il n'avait pu être arrêté que par suite d'un malentendu, et qu'il serait mis en liberté au premier moment. Mais Francesco lui répondit avec un profond abattement :

« Il est trop tard maintenant ; ils m'ont fait tout le mal qu'ils pouvaient me faire; ils m'ont fait un affront que rien ne peut laver. Que m'importe désormais de rester un an ou un jour dans cette affreuse prison ? Crois-tu que j'aie senti la chaleur, crois-tu que j'aie connu les peines du corps durant cette interminable journée? Non ; mais j'ai souffert toutes les tortures de l'âme. Moi, au rang des fripons et des imposteurs! Moi qui, après tant de veilles assidues, tant de travail consciencieux, tant de zèle et de dévouement à la gloire de ma patrie, devrais être aujourd'hui couronné et porté en triomphe par mon école, aux applaudissements d'un peuple reconnaissant, me voici au cachot, comme Vincent Bianchini y a été pour un assassinat et pour émission de fausse monnaie! Voilà le fruit de mes labeurs, voilà la récompense de mon courage ! Soyez donc artiste consciencieux ; usez dans les soucis rongeurs et dans les études exténuantes les restes d'une vie souffrante et menacée ; renoncez aux séductions de l'amour, aux enivrements du plaisir, au repos voluptueux des nuits de printemps; et, le jour où vous croirez avoir mérité une couronne, on vous chargera de fers, on vous couvrira de honte! et ce public aveugle et léger, qui a tant de peine à saluer la vérité, toujours il ouvre les bras à la calomnie! Sois-en sûr, Valerio, à l'heure qu'il est, ce peuple qui m'a vu, depuis le jour de ma naissance, grandir et vivre dans l'amour du travail, dans la haine de l'injustice et dans le respect des lois, ce peuple, qui ne juge des consciences humaines que par les revers ou les succès de la fortune, sois-en sûr, il m'accuse déjà depuis dix minutes qu'il me sait en prison. Il lui suffit d'apprendre que je suis malheureux pour me croire coupable. Déjà il ne distingue plus mon nom de celui de Vincent Bianchini ; tous deux nous avons été accusés, tous deux nous avons courbé la tête sous les plombs. Je serai peut-être mis en liberté, parce que je suis innocent; mais n'a-t-il pas été mis en liberté, lui qui était coupable? Qui sait si, en sortant, on ne m'a pas montré, comme lui, je serai peut-être banni! Venise ne bannit-elle pas tous ceux qu'elle soupçonne? et ne soupçonne-t-elle pas tous ceux qu'on lui dénonce? »

Valerio sentait que la douleur de son frère n'était que trop fondée, et qu'en essayant de le réconcilier avec sa situation il ne l'amenait qu'à en apprécier de plus en plus la rigueur et le danger. Il se mit en devoir de sortir vers le soir pour lui aller chercher des aliments et un manteau; mais lorsqu'il appela le geôlier par le guichet de la porte, celui-ci vint lui dire qu'il avait reçu l'ordre de ne plus le laisser sortir, et lui montra même un papier revêtu du sceau des inquisiteurs d'État, qui ordonnait l'arrestation des deux frères Zuccati, sans exprimer en vertu de quelle prévention. Un cri de douleur s'échappa de la poitrine de Francesco en écoutant cet arrêt.

« Voici, dit-il, qui achève de me tuer. Les bourreaux! ne pouvaient-ils se défaire de moi sans m'infliger la torture de voir souffrir mon frère?

— Ne me plains pas, répondit Valerio, ils ne m'eussent peut-être pas permis de passer les jours et les nuits près de toi; maintenant je les remercie, je ne te quitterai plus. »

Bien des jours et bien des nuits s'écoulèrent sans que les frères Zuccati reçussent aucun éclaircissement sur leur position, aucun soulagement à leur douleur et à leur inquiétude. La chaleur était accablante, la peste éclatait dans Venise, l'air des prisons était infect. Francesco, couché sur un reste de paille brisée et poudreuse, semblait n'avoir plus le sentiment de ses maux; de temps en temps il étendait le bras pour porter à ses lèvres quelques gouttes d'une eau saumâtre dans un gobelet d'étain. Épuisé de sueurs continuelles, il essuyait son visage cuisant avec des lambeaux de toile que Valerio lui gardait avec un soin extrême, et prenait la peine de laver, en mettant de côté chaque jour la moitié de sa misérable provision d'eau. C'était à peu près le seul service qu'il pût rendre à son infortuné frère. Tout lui manquait. Il avait employé tout son riche vêtement à lui faire avec des brins de paille une sorte d'oreiller et de parasol; il n'avait gardé pour se vêtir lui-même que quelques haillons où brillait encore un reste d'or et de broderie. Valerio avait en vain essayé d'offrir ses perles, son poignard et sa chaîne d'or aux guichetiers, afin qu'ils procurassent à Francesco quelque adoucissement au régime affreux du *carcere duro;* les guichetiers de l'inquisition étaient incorruptibles.

Malgré l'impossibilité où il était de soutenir son frère, Valerio restait assidument penché sur lui. Trop robuste, et trop absorbé par la souffrance de Francesco pour sentir la sienne propre, il n'était occupé qu'à le retourner sur sa misérable couche, à l'éventer avec la grande plume de sa barrette, à consulter ses mains brûlantes et son regard éteint. Francesco ne se plaignait plus, il avait perdu l'espérance. Quand il sortait un instant de son accablement, il s'efforçait de sourire à son frère, de lui adresser de douces paroles, et aussitôt il retombait dans une effrayante stupeur.

Un soir Valerio était assis comme de coutume, sur le carreau brûlant. La tête appesantie de Francesco reposait sur ses genoux. Le soleil inexorable se couchait dans une mer de feu, et teignait d'un reflet sinistre ces murs peints en rouge, qui semblent absorber et conserver sans relâche l'ardeur de l'incendie. La peste étendait de plus en plus ses ravages. Tous les bruits animés et joyeux de la brillante Venise avaient fait place à un silence de mort, interrompu seulement par les lugubres bruits de la cloche des agonisants, et par les lointaines psalmodies de quelque moine pieux qui passait sur le canal, conduisant au cimetière une barque pleine de cadavres. Un martinet vint se poser sur la fente de plomb qui donnait un air rare et desséchant à la logette des Zuccati. Cette hirondelle noire, au poitrail couleur de sang, à la voix aigre et forte, à l'attitude fière et sauvage, fit à Valerio l'effet d'un mauvais augure. Elle semblait inquiète et, après avoir appelé, à sa manière, pour ramener quelque compagne en retard, elle s'éleva dans les airs en poussant un certain cri que les Vénitiens connaissent bien, et qu'ils n'entendent jamais sans une sorte de consternation. C'est le cri auquel ces oiseaux nomades se rassemblent, quand le moment de changer d'hémisphère est venu pour eux. Ils partent tous ensemble par bandes nombreuses, le ciel en est obscurci, et le même jour les voit tous disparaître jusqu'au dernier. Leur départ est le signal d'un fléau véritable. Les mozelins, insectes imperceptibles dont le mince et le continuel bourdonnement est irritant jusqu'à la fièvre et dont la piqûre est insupportable, remplissent l'atmosphère, et, n'étant plus poursuivis dans les hautes régions de l'air par l'hirondelle chasseresse, se rabattent sur les habitations, les infestent, et ravissent le sommeil à tous les Vénitiens que les soins du luxe ne préservent pas de leurs atteintes.

Sous les plombs et dans un temps où l'air chargé d'exhalaisons pestilentielles entrait en aiguillons venimeux dans tous les pores, l'arrivée des mozelins, que devait bientôt suivre celle des scorpions, était comme un signal de mort pour Francesco. Déjà dévoré d'une fièvre ardente, il goûtait cependant la nuit un peu de repos pendant les courtes heures où la brise rafraîchissante parvenait jusqu'à lui ; mais ce repos allait lui être ravi. C'est la nuit que les cousins pénètrent dans toutes les demeures, et surtout dans celles où l'haleine chaude de l'homme les attire. Valerio prêta l'oreille avec anxiété. Il entendit mille cris aigus, mille gazouillements inquiets et empressés s'appeler, se répondre, s'éloigner, se rapprocher, se réunir, s'établir comme pour délibérer sur les combles, et s'envoler en jetant leur adieu perçant, comme une dernière malédiction à la cité dolente. Valerio se plaça dans la lucarne d'où il ne pouvait voir que l'éther. Il vit des points noirs se mouvoir dans le ciel, à une hauteur incommensurable, non plus en décrivant les grands cercles réguliers de la chasse, mais en fuyant tous en ligne droite vers l'orient. C'étaient les martinets qui étaient déjà en route. Francesco avait entendu le cri de départ ; il avait lu sur le visage de Valerio l'effroi de cette découverte. Quand la souffrance accable l'homme, il ne saurait prévoir un surcroît de souffrance, imminent, inévitable cependant ; il n'a pas la force d'ajouter par la pensée le mal futur au mal présent. Quand ce mal arrive, il est comme écrasé sous une catastrophe imprévue. La mort elle-même, ce dénoûment si fatal, si nécessaire de la vie, surprend presque tous les hommes comme une injustice du ciel, comme un caprice de la destinée.

« A compter de demain, dit Francesco à son frère d'une voix éteinte, je ne dormirai plus. » C'était prononcer l'arrêt de sa propre mort. Valerio le comprit, et laissa tomber sa tête sur son sein. Des larmes amères, que jusque-là il avait eu le stoïcisme de retenir, ruisselèrent en flots cuisants sur ses joues pâles et amaigries.

XVI.

L'inquisition était un pouvoir si mystérieux, si absolu, il y avait tant de danger à vouloir pénétrer ses secrets, et cela était si difficile, que trois jours après la Saint-Marc personne ne parlait plus des Zuccati. Le bruit de l'arrestation de Francesco s'était vite répandu, et ce bruit était tombé comme le flot qui meurt sur une grève déserte et silencieuse. Le plus faible rocher le repousserait et l'exciterait ; mais une arène de sable, dès longtemps aplanie et dévastée par les orages, reçoit la vague sans s'émouvoir, et là toute force s'anéantit faute d'aliment : telle était Venise. L'effervescence inquiète, la curiosité naturelle de son peuple, se brisaient comme la vaine écume des flots sur les marches du palais ducal, et les eaux sombres qui en baignent les caves emportaient à toute heure un suintement de sang dont la source inconnue gisait aux entrailles profondes de cet antre discret.

La peste était venue d'ailleurs jeter dans toutes les âmes la consternation et le découragement. Tous les travaux étaient suspendus, toutes les écoles dispersées. Marini avait été frappé un des premiers, et se débattait contre une lente et pénible convalescence. Ceccato avait perdu un de ses enfants et soignait sa femme agonisante. La rage des Bianchini avait été étouffée momentanément par la terreur de la mort ; le Bozza avait disparu.

Le vieux Sébastien Zuccato s'était retiré à la campagne le jour même de la Saint-Marc, à la sortie des jeux, par mauvaise humeur de ce qu'il appelait les extravagances et la fausse gloire de ses fils. Il ignorait complétement leur infortune, et s'indignait de ne point les voir comme à l'ordinaire fléchir sa colère par de respectueux empressements.

La peste ayant perdu un peu de sa malignité, le vieux Zuccato craignit enfin que ses fils n'y eussent succombé. Il vint à Venise, toujours décidé à les rudoyer, mais plein d'anxiété, et d'autant plus mal disposé pour eux, qu'il sentait combien il lui était impossible de ne pas les aimer. Il ne faut pas croire qu'après la scène de la basilique, Sébastien se fût réconcilié avec la mosaïque. Il était toujours acharné contre ce genre de travail et contre ceux qui s'y adonnaient. S'il avait subi, malgré lui, la puissance que les grandes choses exercent sur les âmes d'artiste, s'il avait pressé ses enfants sur sa poitrine et versé des larmes d'attendrissement, il n'avait pour cela renoncé à aucun de ses préjugés sur la prééminence de certaines branches de l'art ; l'eût-il voulu, qu'il n'eût pas été le maître d'abandonner, à la veille de mourir, les idées obstinées de toute sa vie. La seule chose qui le consolât était l'espoir de voir Francesco renoncer un jour à ce vil métier et retourner à son chevalet. Dans le dessein de l'y exhorter de nouveau, il se rendit à la basilique, croyant l'y trouver occupé à quelque autre coupole. Mais il trouva la basilique tendue de noir ; des chants lugubres faisaient retentir les voûtes assombries ; les cierges, luttant avec les derniers rayons du jour, jetaient une lueur mate et rouge plus affreuse que les ténèbres. On rendait les derniers honneurs à deux sénateurs morts de la peste. Leurs catafalques étaient sous le portique ; on se hâtait, et il était aisé de voir que les prêtres remplissaient leur saint office avec terreur et précipitation. Le vieux Zuccato frémit de la tête aux pieds en voyant ces deux cercueils. Il ne se rassura qu'en apprenant les noms des magistrats défunts. Alors il sortit de l'église, et courut à l'atelier de Valerio, à San-Filippo. Mais là on lui dit que ni Valerio ni Francesco n'avaient paru depuis le jour de la Saint-Marc, et il chercha, sans plus de succès, dans tous les endroits où ils avaient coutume de se rendre. Enfin, dévoré d'inquiétude, il parvint à trouver le triste Ceccato, et, d'après les sombres conjectures de celui-ci, il pensa que ses fils étaient morts aux plombs, du chagrin ou de maladie. Il resta quelques instants immobile, absorbé, pâle comme un linceul. Enfin il prit son parti, et, sans adresser un mot à Ceccato ni à sa famille désolée, il se rendit chez le procurateur-caissier. Il était loin d'accuser ce magistrat de l'injuste arrestation de ses fils. Naturellement patient, il aurait cru manquer au respect et à l'amour des lois, en soupçonnant un magistrat d'erreur ou de prévention. Mécontent de ses fils et prêt à les accuser de paresse ou d'insolence, selon la décision du procurateur, il voulait savoir à tout prix du moins ce qu'ils étaient devenus. Il aborda donc humblement le gros caissier, qui, sans doute pour se préserver de la peste, était plus que jamais occupé de son propre bien-être. Il le trouva entouré de flacons et d'aromates de toute espèce, propres à purifier l'air qu'il respirait. Néanmoins les cérémonieuses salutations de Sébastien le rendirent un peu plus traitable qu'il ne l'était d'ordinaire.

« C'est bon, c'est bon, lui dit-il en lui faisant signe de se tenir à distance et en collant à son nez un large mouchoir imbibé d'essence de genévrier ; en voilà assez, brave homme. Ne vous approchez pas tant de moi et retenez un peu votre haleine. Par la corne ! dans ce temps maudit on ne sait pas à qui l'on parle. N'êtes-vous pas malade ! Voyons, dépêchez-vous, qu'y a-t-il ?

— Votre respectable Seigneurie, répondit le vieillard un peu mortifié secrètement de cet accueil cavalier, voit devant elle le syndic des peintres, maître Sebastiano Zuccato, son très-humble *esclave*, père de...

— Ah ! c'est vrai, reprit Melchiore sans se déranger, et en faisant mine seulement de vouloir porter une main languissante à la coiffe de soie noire qui serrait sa grosse tête plate. Je ne vous remettais pas, messer Zuccato. Vous êtes un honnête homme, mais vous avez pour fils deux enragés coquins.

— Excellence, le mot est un peu sévère ; mais je ne disconviens pas que mes fils ne soient d'assez mauvais sujets, très-dissipés, très-obstinés dans leurs résistances, et voués à un très-sot et très-méchant métier. Je sais qu'ils ont encouru la disgrâce de nos seigneurs les magistrats et la vôtre en particulier. Je suis certain qu'ils doivent avoir commis une grande faute, puisque vos bontés pour eux se sont changées en sévérité ; et je ne viens pas pour les justifier, mais pour obtenir que votre mécontentement s'apaise, et que votre miséricorde prenne en considération la malignité de l'air, la rudesse de la saison et la faible santé de mon aîné, que le régime des prisons a dû compromettre assez gravement pour qu'il se souvienne de cette punition et ne s'y expose plus.

— Votre fils est malade en effet, à ce qu'on m'a dit, répliqua le procurateur. Mais qui n'est pas malade durant cette maligne influence ? Moi-même je suis fort souffrant, et sans les soins assidus de mon médecin j'aurais péri, je n'en doute pas. Mais il faut prendre des précautions, beaucoup de précautions. Par la corne ducale ! je vous conseille, maître Sébastien, de prendre aussi des précautions.

— Votre Excellence dit que mon fils Francesco est malade ? reprit Sébastien effrayé.

— Oh ! que cela ne vous inquiète pas : on n'est pas plus malade en prison qu'ailleurs. Nous savons, par des calculs exacts, qu'il ne meurt pas plus de prisonniers sous les plombs que dans les autres prisons de la république.

— Sous les plombs, Excellence ! s'écria le vieux Zuccato : Votre Seigneurie a dit sous les plombs ! Est-ce que mes fils seraient aux plombs ?

— Par la corne ! ils y sont, et ils n'ont pas mérité moins par leurs concussions et leurs escroqueries.

— Par le Christ ! Monseigneur, vous voulez m'effrayer, dit Zuccato d'une voix forte, en reculant d'un pas, mes enfants ne sont pas aux plombs !

— Ils y sont, vous dis-je, répondit le procurateur, et je ne puis les en tirer avant que leur procès soit instruit et jugé. Aussitôt que le fléau permettra qu'on s'occupe de leur affaire, on s'en occupera ; mais, par la corne ducale ! je crains bien que leur sort ne soit pire : car ils sont coupables, et il y a peine de bannissement à perpétuité contre les détenteurs des deniers publics.

— Par le corps du diable ! Messer, s'écria le vieillard en se rapprochant du procurateur, ceux qui disent cela ont menti par la gorge, et ceux qui ont mis mes fils aux plombs s'en repentiront, tant qu'il me sera permis de remuer un doigt.

— N'approchez pas ! s'écria à son tour Melchiore en se levant avec vivacité et en reculant son fauteuil, ne me mettez pas ainsi votre haleine sous le visage. Si vous avez la peste, gardez-la, et allez à tous les diables avec vos coquins de fils. Je vous dis qu'ils seront pendus si vous aggravez leur affaire en faisant du bruit. Tous ces Zuccati sont d'enragés scélérats, sur ma parole. Vous empoisonnez l'air, Monsieur ; sortez. »

En parlant ainsi, Melchiore reculait toujours, et le vieux Zuccato, immobile à sa place, jetait sur lui des regards qui le glaçaient d'épouvante.

« Si j'avais la peste, répondit-il enfin d'un air sombre, je voudrais serrer dans mes bras tous ceux qui osent dire que les Zuccati sont des voleurs. J'espère que jamais cette idée n'est venue à personne, et que le magistrat auquel j'ai l'honneur de parler est pris lui-même de fièvre et de délire à l'heure qu'il est. Oui, oui, Monseigneur, c'est la peste qui parle en vous, quand vous dites que les Zuccati ont détourné les deniers publics. Sachez que les Zuccati sont de noble race, et que le sang qui coule dans leurs veines est plus pur que celui des familles ducales. Sachez que Francesco et Valerio sont deux hommes que l'on peut faire périr dans les tortures, mais non déshonorer. Votre Seigneurie fera bien d'appeler son médecin, car un venin mortel est répandu dans ses veines. »

En achevant ces paroles terribles, Sébastien s'élança hors des Procuraties et courut au palais ducal. Melchiore agita sa sonnette avec angoisse, demanda son médecin, se fit saigner, frictionner et médicamenter toute la nuit, croyant que le vieux Zuccato venait de lui donner la peste par sortilége. Il s'évanouit plusieurs fois et faillit mourir de peur.

XVII.

Sébastien Zuccato courut se jeter aux pieds du doge et lui demanda justice au nom de l'amour paternel et de l'honneur outragé. Mocenigo l'écouta avec bonté et lui donna des marques de la plus haute estime. Il s'affligea de la longue torture qu'avaient subie ses fils, et prit sur lui de les faire transférer dans une prison moins affreuse. Il permit même au vieux Sébastien de les voir tous les jours et de leur donner les soins que lui suggérerait sa tendresse ; mais il ne lui cacha pas que les charges les plus graves pesaient sur eux, et que leur procès serait une affaire longue et sérieuse.

Cependant, grâce à l'ardente obsession du vieux Zuccato, à l'influence du Titien, du Tintoret, et de plusieurs autres grands maîtres, tous amis des Zuccati, grâce aussi à la bienveillante protection du doge, le conseil des Dix, dont la peste avait suspendu les fonctions depuis plusieurs mois, s'assembla enfin, et la première affaire dont fut saisi ce tribunal austère fut le procès des Zuccati, accusés :

1° D'avoir volé leur salaire en faisant à la hâte des travaux sans solidité ; par exemple, en travaillant hors de saison (*fuor di stagione*), c'est-à-dire dans les temps de gelée, où les ouvrages de mastic ne tiennent pas, afin de réparer le temps perdu, durant la belle saison, en promenades, en dissipations et en débauches de toute espèce ;

2° D'avoir fait des figures mal dessinées et bizarrement coloriées, en s'obstinant au travail une grande partie des nuits, toujours à l'effet de réparer leur précédente paresse (*ingordigia*) ;

3° D'avoir fait cette détestable besogne par ignorance complète du métier, ignorance qui rendait Valerio Zuccato incapable de faire autre chose que des ouvrages frivoles pour la toilette des femmes et des jeunes gens (*cuffie, frastagli, vesture*, etc.), lesquels travaux puérils l'occupaient incessamment et le mettaient à même d'exercer une profession lucrative à San-Filippo, pendant que la république lui payait chèrement un travail qu'il ne faisait pas, et qu'il ne pouvait pas faire ;

4° D'avoir, par une détestable friponnerie, remplacé en beaucoup d'endroits les compartiments d'émail et de pierre (*i pezzi*) par le bois et le carton peints au pinceau, afin de montrer des finesses de travail dont les matériaux de la mosaïque ne sont pas susceptibles, et de se donner un grand mérite d'artiste durant leur vie, sauf à laisser des ouvrages qui n'auraient pas une plus longue durée.

Les pièces de cet étrange procès se trouvent encore dans les archives du palais ducal, et le signor Quadri en a extrait la fidèle relation qu'on peut lire dans un article intitulé *dei Musaïci*, placé à la fin de son excellent ouvrage sur la peinture vénitienne.

Les accusateurs étaient le procurateur caissier Melchiore, Bartolomeo Bozza, les trois Bianchini, Jean Visentin, et plusieurs autres élèves de leur école, enfin Claude de Corrège, organiste de Saint-Marc, qui détestait le bruit des ouvriers, et qui eût également témoigné en faveur des Zuccati contre les Bianchini, espérant qu'ennuyé de ces querelles et de ces dilapidations, le gouvernement renoncerait à des réparations ruineuses, dont le principal inconvénient aux yeux de l'organiste était de déranger par un bruit continuel l'école de plainchant qu'il tenait dans la tribune de l'orgue.

Les témoins en faveur des Zuccati étaient le Titien et son fils Orazio, le Tintoret, Paul Véronèse, Marini, Ceccato, et le bon prêtre Alberto Zio. Tous comparurent devant le conseil des dix et soutinrent le grand talent, le beau travail, l'honnête conduite, l'humeur laborieuse, et l'exacte probité des frères Zuccati et de leur école.

A leur tour, les frères Zuccati furent amenés devant les juges; Valerio soutenait dans ses bras son frère chéri, à peine rétabli de sa longue et cruelle maladie, languissant, accablé, indifférent en apparence à l'issue d'une épreuve qu'il n'avait plus la force de supporter. Valerio était pâle et défait. On lui avait procuré des vêtements; mais sa longue barbe, sa chevelure mal soignée, sa démarche brisée, un certain tremblement convulsif, attestaient ses souffrances et ses douleurs. Indifférent à ses propres maux, mais indigné de l'injustice faite à son frère, il avait enfin pris la vie au sérieux. La colère et la vengeance étincelaient dans son regard. Un feu sombre jaillissait de ses orbites creusés par la faim, la fatigue et l'inquiétude. En passant devant Bartolomeo Bozza pour aller s'asseoir sur le banc des accusés, il leva ses deux bras chargés de fers, comme s'il eût voulu l'écraser, et son visage rayonnant de fureur sembla vouloir le faire rentrer sous terre. Les gardes l'entraînèrent, et il s'assit, tenant toujours la main de Francesco dans sa main froide et tremblante.

« Francesco Zuccato, dit un juge, vous êtes accusé de dol et de fraude envers la république; qu'avez-vous à répondre?

— Je répondrai, dit Francesco, que je pourrais tout aussi bien être accusé de meurtre et de parricide, si c'était le bon plaisir de ceux qui me persécutent.

— Et moi, dit impétueusement Valerio en se levant, je réponds que nous sommes sous le poids d'une accusation infâme, et que nous languissons depuis trois mois sous les plombs, d'où mon frère est sorti mourant, le tout parce que les Bianchini nous haïssent, et que Bozza, notre élève, est un misérable; mais surtout parce que le procurateur monsignor Melchiore a fait une faute de latinité que nous nous sommes permis de corriger. C'est la première fois que deux citoyens vont aux plombs pour n'avoir pas voulu faire un barbarisme. »

L'emportement du jeune Zuccato n'était pas fait pour lui concilier la bienveillance des magistrats. Le vieux Sébastien, voyant le mauvais effet de sa harangue, se leva et dit :

« Taisez-vous, mon fils, vous parlez comme un fou et comme un insolent. Ce n'est pas ainsi qu'un honnête citoyen doit se défendre devant les pères de la patrie. Messeigneurs, excusez son égarement. Ces pauvres jeunes gens sont troublés par la fièvre. Examinez leur cause selon votre impassible équité; s'ils sont coupables, châtiez-les sans pitié : leur père sera le premier à vous louer de cet acte de justice et à bénir les lois sévères qui répriment la fraude. Oui, oui, fallût-il verser leur sang moi-même, je le ferais, mes pères, plutôt que de voir tomber en discrédit le pouvoir auguste de la république. Mais s'ils sont innocents, comme j'en ai la conviction et la certitude, faites-leur prompte et généreuse merci; car voici mon aîné qui n'a plus qu'un souffle de vie; et, quant au plus jeune, vous voyez qu'il est sous l'influence du délire. »

En parlant ainsi d'une voix forte, le vieillard tomba sur ses genoux, et deux ruisseaux de larmes coulèrent sur sa longue barbe blanche.

« Sébastien Zuccato, répondit le juge, la république connaît ta probité et ton dévouement; tu as parlé comme un bon père et comme un bon citoyen; mais si tu n'as pas autre chose à dire pour la défense de tes fils, il faut te retirer. »

A un signe du magistrat, le familier qui avait amené Sébastien l'emmena. Le vieillard, en se retirant, jeta un regard de désespoir sur ses fils; puis, se retournant une dernière fois vers les juges, il joignit les mains en levant les yeux au ciel avec une expression si déchirante, qu'elle eût attendri les piliers de marbre de la grande salle; mais le tribunal des Dix était plus froid et plus inflexible encore.

Après que les trois Bianchini eurent affirmé par serment leur accusation, Bartolomeo Bozza, sommé à son tour de rendre témoignage, leva la main sur le crucifix qu'on lui présentait, et dit :

« Je jure sur le Christ que j'ai passé trois mois aux plombs pour n'avoir pas voulu faire un faux témoignage. »

Un tressaillement de surprise passa dans l'assemblée; Melchiore fronça le sourcil, Bianchini le Rouge grinça des dents, et le jeune Valerio, se levant avec impétuosité, s'écria :

« Serait-il vrai, ô mon pauvre élève! puis-je encore te plaindre et t'estimer? Ah! cette pensée allège tous mes maux.

— Tais-toi, Valerio Zuccato, dit le juge, et laisse parler le témoin. »

Bartolomeo était aussi accablé, aussi malade que les Zuccati. Lui aussi avait subi les lentes tortures de la captivité. Il déclara que quelques jours avant la Saint-Marc, Vincent Bianchini l'avait mené sur les planches des Zuccati pour lui faire voir de près et toucher plusieurs endroits de leur travail où le carton peint remplaçait évidemment la pierre, et que de là il l'avait mené chez le procurateur-caissier pour qu'il en déposât, ce qu'il avait fait dans l'indignation et dans la sincérité de son cœur. Depuis ce jour, convaincu de la mauvaise foi des Zuccati, il n'avait pas voulu être complice d'un travail qui ne pouvait pas manquer d'être condamné, et il avait travaillé dans l'école des Bianchini. Mais la veille de la Saint-Marc, Vincent, l'ayant encore conduit chez le procurateur, avait voulu l'engager à déposer qu'il avait été témoin oculaire du fait de l'accusation, ce à quoi il s'était refusé, parce que, s'il avait vu les preuves de la fraude, du moins il n'avait pas vu commettre cette fraude. « Si je l'avais vu, dit-il, j'en aurais pas attendu l'avertissement des Bianchini pour quitter l'école des Zuccati; mais je n'avais jamais rien vu de semblable. Il n'existait même pas dans la conduite de mes maîtres le plus petit fait qui jusque-là eût pu rendre vraisemblable la découverte qu'on venait de me faire faire. Il m'était donc impossible de jurer par le Christ que je les avais vus employer le carton et le pinceau. Quand Vincent Bianchini vit que je ne servais pas ses desseins à son gré, il s'emporta contre moi et m'accusa de complicité avec les Zuccati. Monsignor Melchiore me fit beaucoup de menaces qui m'irritèrent au point que je lui dis de se méfier des Bianchini. Le soir même je fus arrêté et conduit aux plombs. Depuis ce jour, j'ai pensé que mes anciens maîtres étaient innocents, et que l'homme capable de me demander un faux serment était bien capable aussi d'avoir, pendant la nuit, à l'insu des Zuccati et de tout le monde, détruit une partie de la mosaïque, et remplacé la pierre par le bois et le carton, afin d'avoir un moyen de les perdre. Je dois déclarer que cette substitution est faite avec tant d'art, qu'à moins de gratter les fragments (i pezzi) il est impossible de s'en apercevoir. »

Ainsi parla le Bozza d'une voix ferme et avec une prononciation bolognaise très-lente et très-distincte. Sommé de s'expliquer sur les divertissements continuels auxquels Valerio se livrait, il avoua que souvent ce jeune maître avait été repris de paresse et de dissipation par son frère aîné, et qu'il réparait ensuite le temps perdu en travaillant de nuit, ce qui pouvait confirmer le reproche que lui adressait l'accusation d'avoir fait (fuor di stagione) des travaux sans solidité. Il déclara aussi que Valerio connaissait le métier moins bien que son frère, et faisait beaucoup d'objets de parure pour son compte particulier. En un mot, il fut aisé de voir dans sa déposition qu'il n'était pas porté à la bienveillance pour les Zuccati, et qu'il n'eût pas été fâché de leur nuire en disant la vérité; mais qu'il avait horreur du mensonge dans lequel on avait voulu l'attirer, et qu'il ne pardonnerait jamais aux Bianchini de l'avoir fait mettre aux plombs.

Le conseil ferma la séance de ce jour en nommant une commission de peintres chargée d'examiner sous les yeux des procurateurs la besogne des deux écoles rivales. Cette commission fut composée du Titien, du Tintoret, de Paul Véronèse, de Jacopo Pistoja et d'Andrea Schiavone, qui, depuis ce temps, fut surnommé Medola, par allusion au soin qu'il avait pris d'analyser la mosaïque jusqu'à la moelle.

XVIII.

Le lendemain, ces maîtres illustres, accompagnés de leurs ouvriers, des procurateurs et des familiers du saint-office, se rendirent à Saint-Marc, et procédèrent à l'examen des travaux de mosaïque. A la requête des Bianchini, on commença par leur arbre généalogique de la Vierge, ouvrage immense accompli en très-peu de temps. Vincent joignait à tous ses vices une insupportable vanité. Avide de louanges, il suivait pas à pas le Titien, attendant toujours l'explosion de son admiration. A côté de lui marchait Dominico Rossetto, l'œil brillant de toute la confiance d'une inébranlable sottise. Cependant, le Titien ne s'expliquait pas. Toujours spirituel et courtois, il trouvait à leur adresser de ces mots qui marquent l'attention et l'intérêt, mais qui ne compromettent en aucune façon le jugement du connaisseur. Ses attitudes polies, ses gracieux sourires, contrastaient avec le front rembruni et la contenance austère du Tintoret. Quoique moins lié peut-être avec les Zuccati, Robusti était bien plus indigné que le Titien de la méchanceté de leurs rivaux. Dans l'esprit de Titien, habitué lui-même à nourrir de profondes haines et d'implacables antipathies, la conduite des Bianchini trouvait sinon une excuse, du moins une appréciation plus indulgente des jalousies de métier et des ambitions d'artiste. Peut-être aussi le Tintoret, songeant aux persécutions qu'il avait eu à subir de la part du Titien, voulait-il lui adresser, par allusion, un reproche légitime, en montrant son horreur et son mépris pour ces sortes de choses. Il sortit de la chapelle de Saint-Isidore sans avoir desserré les lèvres, et sans avoir tourné une seule fois les yeux vers les personnes qui l'accompagnaient.

Mais quand il fut sous la grande voûte, et qu'il eut devant les yeux le travail des Zuccati, il éclata en louanges éloquentes; sa belle tête austère s'anima du feu de l'enthousiasme, et il fit ressortir toutes les perfections de cette œuvre avec une chaleur généreuse. Le Titien, qui était l'intime ami du vieux Sébastien, et qui avait donné beaucoup d'excellentes leçons aux jeunes Zuccati, renchérit sur cet éloge sans cependant déprécier le travail des Bianchini, à l'égard desquels il garda toujours une grande prudence. Mais le procurateur-caissier, impatienté du succès des Zuccati, prit la parole.

« Messires, dit-il aux illustres maîtres, je vous ferai observer que nous ne sommes pas venus ici pour voir des travaux de peinture, mais des travaux de mosaïque. Il importe très-peu à l'État que la main de la Vierge soit plus ou moins modelée d'après les règles de votre art; il importe encore moins que la jambe de saint Isidore ait le mollet un peu trop haut ou un peu trop bas. Tout cela est bon pour le discours...

— Comment ! par le Christ ! s'écria le Titien, à qui ce blasphème fit oublier un instant sa prudente courtoisie; il importe peu à l'État que les mosaïstes ne sachent pas le dessin, et que la mosaïque ne soit pas une reproduction élégante et correcte des ouvrages de peinture?..... C'est la première fois que j'entends dire une pareille chose, Monseigneur, et il me faudra tout le respect que m'inspirent vos jugements pour me ranger à cet avis. »

Rien n'exaltait les convictions erronées du procurateur-caissier comme la contradiction.

« Et moi, messer Tiziano, s'écria-t-il avec chaleur, je vous soutiendrai que tout cela n'est que minutie et puérilité. Ce sont là des querelles d'école et des discussions d'atelier, dans lesquelles la gravité de la magistrature n'ira pas se compromettre. Chargés, par la république, de veiller à ses intérêts et d'apporter de l'économie et de la probité dans les dépenses publiques, les procurateurs ne souffriront pas que, pour le vain plaisir d'amuser les amateurs de peinture, les ouvriers de Saint-Marc manquent à leurs engagements.

— Je ne pensais pas, dit Francesco Zuccato d'une voix faible et en jetant un douloureux regard sur ses ouvrages,

que je pusse manquer à mes engagements en soignant, autant que possible, le dessin de mes figures, et en me conformant en conscience à toutes les règles de mon art.

— Je connais tout aussi bien que vous, Messer, les règles de votre art, cria le procurateur tout rouge de colère. Vous ne me ferez point croire qu'un mosaïste soit tenu d'être un peintre. La république vous paie pour copier servilement et fidèlement les cartons des peintres; et pourvu que vous attachiez avec solidité et propreté vos pierres à la muraille, pourvu que vous sachiez employer de bons matériaux et en tirer le parti dont ils sont susceptibles, il importe fort peu que vous connaissiez les règles de la peinture et les lois du dessin. Par la corne ducale! si vous étiez de si grands artistes, la république pourrait faire de bonnes économies. Il ne serait plus besoin de payer messer Vecelli et messer Robusti pour dessiner vos modèles. On pourrait vous laisser libres de composer, d'ordonner et de tracer vos sujets. Malheureusement, nous n'avons pas encore assez de confiance dans votre maîtrise de peintre pour nous en rapporter ainsi à vous.

— Et pourtant, Monseigneur, dit le Titien, qui avait repris tout son calme et qui savait donner une expression gracieuse au sourire de mépris errant sur ses lèvres, j'oserai objecter à Votre Seigneurie que, pour savoir copier fidèlement un bon dessin, il faut être soi-même un bon dessinateur; sans cela, on pourrait confier les cartons de Raphaël aux premiers écoliers venus, et il suffirait d'avoir un grand modèle sous les yeux pour être aussitôt un grand artiste. Les choses ne se passent pas ainsi, que Votre Seigneurie me permette de le dire avec tout le respect que je professe pour ses opinions; mais autre chose est de gouverner les hommes par une sublime sagesse, et de les amuser par de frivoles talents. Nous serions bien embarrassés, nous autres, pauvres artisans, s'il nous fallait, comme Votre Seigneurie, tenir d'une main ferme et généreuse les rênes de l'État; mais...

— Mais tu prétends, flatteur, dit le procurateur radouci, qu'en fait de peinture et de mosaïque tu t'y entends mieux que nous. Tu ne nieras pas du moins que la solidité ne soit une des conditions indispensables de ces sortes d'ouvrages, et si, au lieu d'employer la pierre, le cristal, le marbre et l'émail, on emploie le carton, le bois, l'huile et le vernis, tu m'avoueras que les deniers de la république n'ont pas reçu leur véritable destination. »

Ici le Titien fut un peu embarrassé; car il ne savait pas jusqu'à quel point cette accusation des Bianchini pouvait être fondée, et il craignait de compromettre les Zuccati par une assertion imprudente.

« Je nierai du moins, dit-il après un instant d'hésitation, que cette substitution de matériaux constitue la fraude, s'il est prouvé, comme je le crois, que le pinceau puisse être employé dans certains endroits de la mosaïque avec autant de solidité que l'émail.

— Eh bien ! c'est ce que nous allons voir, messer Vecelli, dit le procurateur; car nous ne voulons pas suspecter votre intégrité dans cette affaire. Qu'on apporte ici du sable et des éponges; et par la corne! qu'on frotte solidement toutes ces parois. »

Les yeux mourants de Francesco se ranimèrent et se tournèrent avec une haine méprisante vers l'inscription où le mot saxis remplaçait le barbarisme saxibus. Il semblait que, dût-il être condamné pour la substitution d'une seule lettre, il s'en consolait par l'espérance de voir constater en public la bévue de l'ignorant procurateur. Melchiore comprit sa pensée, et surprit son regard; il détourna l'épreuve, et la porta sur les autres parties de la voûte.

La mosaïque des Zuccati, frottée et lavée sur tous les points, résista parfaitement à l'essai, et il ne s'y trouva aucune partie qui tombât ou qui menaçât de tomber. Le procurateur-caissier commençait à craindre que la haine aveugle des Bianchini et ses propres préventions ne l'eussent fourvoyé dans une affaire peu honorable pour lui, lorsque Vincent Bianchini, s'approchant des deux archanges, dont l'un était le portrait de

Sébastien Zuccato courut se jeter aux pieds du doge. (Page 29.)

Valerio, et l'autre celui de Francesco Zuccato, dit avec assurance :

« Il est certain que le bois et le carton peints peuvent résister au sable et à l'éponge mouillée; mais il n'est pas certain qu'ils puissent résister à l'action du temps, et en voici la preuve. « En parlant ainsi, il tira son stylet, et l'enfonçant dans la poitrine nue de l'archange qui représentait Francesco Zuccato, à l'endroit du cœur, il en fit sauter une parcelle de substance couleur de chair, qu'il coupa lestement en deux avec sa lame, et qu'il présenta aux procurateurs. Le fragment passant de main en main, le Titien lui-même fut forcé de convenir que c'était un morceau de bois.

XIX.

Francesco et Valerio furent reconduits en prison, et huit jours après ils comparurent de nouveau devant le conseil des Dix. Le procès-verbal rédigé par la commission des peintres leur fut lu à haute voix. On s'était abstenu de signaler l'infériorité du travail des Bianchini.

On savait qu'en le dépréciant sous le rapport de l'art, on irriterait de plus en plus le procurateur-caissier, et, l'affaire des Zuccati prenant une assez mauvaise tournure, la prudence exigeait qu'on n'envenimât pas la haine de leurs persécuteurs; mais on avait prodigué la louange à la coupole des Zuccati, et on avait constaté la solidité de tout ce travail, à l'exception de deux figures peu importantes, où le bois avait été employé au lieu de la pierre. Le Titien avait même affirmé qu'il estimait cette mosaïque peinte capable de résister à l'action du temps cinq cents ans et plus, et sa prédiction s'est vérifiée, car ces pièces du procès subsistent encore, et paraissent aussi belles et aussi solides que les autres parties de la mosaïque. Quant au savoir-faire du jeune Zuccato, taxé d'incapacité ou d'ignorance par les accusateurs, il fut victorieusement défendu par le procès-verbal, et déclaré au moins aussi habile que son frère.

D'après cette assertion, toute l'accusation ne reposait plus que sur un point, celui de la substitution de matériaux inusités dans l'exécution des deux figures d'archange.

Francesco, interrogé sur ce qu'il avait à alléguer pour

F JOHANNOT   H DELAVILLE

Il y a donc dans Venise des artistes plus malheureux que moi ! (Page 35.)

sa défense, répondit que, convaincu depuis longtemps de l'avantage de cette substitution pour certains détails, et jaloux d'en éprouver la solidité, il l'avait essayée dans ces deux figures qui étaient de peu d'importance, et qu'il s'était toujours promis de réparer à ses frais, si leur durée ne remplissait pas son attente, ou si la république blâmait cette innovation.

Le conseil ne semblait pas disposé à admettre cette excuse. Pressé d'accusations et de menaces, Valerio ne put résister à son emportement :

« Eh bien ! s'écria-t-il, puisque vous voulez le savoir, sachez donc le secret que mon frère voulait garder. En vous le révélant, je sais fort bien que je m'expose, non-seulement à la haine et à l'envie qui pèsent sur nous, mais encore à celle de tous nos rivaux futurs. Je sais que de grossiers manœuvres, de vils artisans, s'indigneront de voir en nous des artistes consciencieux ; je sais qu'ils prétendront faire de la mosaïque un simple travail de maçonnerie, et poursuivront comme mauvais compagnon et rival ambitieux quiconque voudra en faire un art et y porter la flamme de l'enthousiasme ou la clarté de l'intelligence. Eh bien ! je proteste contre un tel blasphème ;

je dis qu'un véritable mosaïste doit être peintre, et je soutiens que mon frère Francesco, élève de son père et de messer Tiziano, est un grand peintre ; et je le prouve en déclarant que les deux figures d'archange qui ont obtenu les éloges de l'illustre commission nommée par le conseil, ont été imaginées, composées, dessinées et coloriées par mon frère, dont j'ai été l'apprenti et le manœuvre en copiant fidèlement ses cartons. Nous avons peut-être commis un grand crime en nous permettant de consacrer à la république notre meilleur ouvrage, en le lui offrant gratis et en secret, avec la modestie qui sied à des jeunes gens, avec la prudence qui convient à des hommes voués à un autre dieu que l'argent et la faveur ; mais, en nous accusant de fraude, on nous force à renoncer à cette prudence et à cette modestie. Nous demandons, en conséquence, qu'il soit prouvé que nous n'avons tenté cette innovation que dans une composition qui ne nous avait pas été commandée, et que nous sommes prêts à enlever de la basilique, si le gouvernement la juge indigne de figurer à côté des travaux des Bianchini. »

On consulta le devis des diverses compositions dessinées par les peintres et confiées aux mosaïstes, on n'y trouva pas les deux figures d'archange. Le procurateur Melchiore pressa chacun des peintres de s'expliquer sur le mérite de ces figures et sur la part qu'ils y avaient prise. Comme ils avaient été investis, à cet égard, de tous droits et de tous pouvoirs par l'État, il suffisait d'une simple esquisse tracée par l'un d'eux pour que les Zuccati, tenus d'exécuter à la lettre leurs intentions, se fussent rendus coupables d'infidélité, de désobéissance et de fraude, en y employant un procédé de leur choix et des matériaux non approuvés par la commission des procurateurs. Les peintres affirmèrent par serment n'avoir pas même eu l'idée de ces figures; et quant à leur mérite, ils affirmèrent également qu'ils n'eussent pu rien créer de plus correct et de plus noble. Le Titien fut interrogé deux fois. On connaissait son amitié pour les Zuccati; on connaissait aussi sa finesse, son habileté à éluder les questions qu'il ne voulait pas trancher. Sommé de dire s'il était l'auteur de ces figures, il répondit avec grâce : « Je voudrais l'être; mais, en conscience, je n'en ai pas même vu le dessin, et je n'en soupçonnais pas l'existence avant l'examen qu'il m'a été ordonné d'en faire comme membre de la commission. »

Les Bianchini soutinrent que les Zuccati n'étaient pas capables de composer par eux-mêmes des ouvrages dignes de tant d'éloges. Malgré l'assertion des peintres, on fit une enquête dans laquelle le Bozza fut entendu, comme ancien élève des Zuccati, et sommé de dire s'il avait vu quelque peintre mettre la main à ces figures. Il déclara qu'une seule fois il avait vu messer Orazio Vecelli, fils du Titien, venir de nuit dans l'atelier des Zuccati à l'époque où ils y travaillaient. Orazio fut entendu, et attesta par serment qu'il ne les avait pas même vues, et que sa visite de nuit à l'atelier de San-Filippo n'avait d'autre but que de commander à Valerio un bracelet de mosaïque qu'il voulait offrir à une femme. Il n'y avait donc plus aucune preuve contre les Zuccati. Ils furent acquittés, à la charge seulement de remplacer à leurs frais, par des fragments de pierre ou d'émail, les fragments de bois peint employés dans certains endroits de leurs figures. Cette partie de l'arrêt ne fut rendue que pour la forme, afin de ne point encourager les novateurs. On n'en exigea même pas l'exécution, car ces fragments coloriés au pinceau existent encore. Le barbarisme du procureur-caissier a seul été réintégré tel qu'il était sorti du docte cerveau de ce magistrat, et au-dessous des deux archanges on lit cette autre inscription touchante, qui fait allusion aux persécutions soufflertes par les Zuccati :

UBI DILIGENTER
INSPEXERIS ARTEMQ. AC LABO-
REM FRANCISCI ET VALERII
ZVCATI VENETORVM FRATRVM
AGNOVERIS TVM DEMVM IVDI-
CATO.

XX.

Malgré l'heureuse issue de ce procès, il s'en fallait de beaucoup que la fortune des Zuccati prît une face heureuse. La santé de Francesco se rétablissait lentement. Aucun nouveau travail public n'était commandé aux mosaïstes. On parlait même de s'en tenir là, et de conserver toutes les anciennes mosaïques byzantines; car les mœurs tournaient à l'austérité, et, tandis que de sages lois somptuaires couvraient de deuil les manteaux et les gondoles, les gens les moins graves affectaient, par esprit d'imitation, de s'envelopper de longues toges romaines et de ne porter que des ornements de fer et d'argent. Le mot d'économie était dans toutes les bouches; la peste avait ébranlé le commerce, et, comme les générations passent promptement d'un excès à l'autre, après un luxe ruineux et des dépenses insensées, on arrivait à des réductions sordides, à des réformes puériles. Les artistes subissaient les tristes chances de ce moment de panique financière. Le procureur-caissier n'était pas

un sot isolé, mais le représentant d'un grand nombre d'esprits étroits.

Francesco était tombé dans un profond découragement. Artiste enthousiaste, il avait désiré, il avait espéré la gloire. Il l'avait servie comme on sert une noble maîtresse, par de nobles sacrifices, par un culte ardent, exclusif. Pour toute récompense, il s'était vu exposé à une prison affreuse, à une mort imminente, à un procès infamant. En outre, le succès de ses chefs-d'œuvre était contesté. Les hommes ne voient pas impunément le malheur fondre sur une tête d'élite. Ils sont pris aussi du vertige de la médiocrité, et cherchent tous les moyens d'excuser et de légitimer les maux dont est frappé le génie. C'était assez qu'on eût trouvé un petit fragment de bois dans une des figurines des Zuccati, pour qu'aussitôt tout le public pensât que la mosaïque entière était exécutée en bois. Les bourgeois allaient même jusqu'à dire qu'elle était en papier, et, convaincus de son peu de solidité, ils auraient cru manquer de patriotisme en levant la tête pour admirer la beauté des figures. Le jeune artiste était donc blessé au fond de l'âme, et souffrait d'autant plus qu'il cachait sa blessure avec soin, et méprisait trop le public pour lui donner la satisfaction de le voir vaincu. Retiré au fond de sa petite chambre à San-Filippo, il passait ses journées à la fenêtre, absorbé dans de tristes pensées, et n'était plus distrait de sa douleur que par la contemplation des grands lierres de sa cour agités par la brise. Ce tranquille spectacle lui semblait délicieux après le séjour des plombs, où l'absence d'air avait miné lentement sa vie.

Au temps de sa bonne fortune et de ses somptueux amusements, Valerio avait contracté des dettes considérables; ses créanciers le tourmentaient. Francesco découvrit ce secret et consacra toutes ses économies au paiement de ces dettes. Valerio ne le sut que longtemps après; il était bien assez triste sans que le remords vînt ajouter aux inquiétudes que lui causait la santé de son frère chéri. L'idée de le perdre ébranlait toutes les forces de son âme, et il sentait que, malgré sa disposition naturelle à accepter les maux de la vie, il ne pourrait jamais se consoler de sa perte. Incapable de mélancolie, trop fort pour la résignation et trop fort aussi pour le désespoir, il tombait souvent dans des accès de violente indignation auxquels succédaient de brillantes espérances, et il entretenait Francesco de rêves de gloire et de bonheur, quoique au fond personne moins que lui n'eût besoin de gloire pour être heureux.

Le vieux Sébastien les conjurait de reprendre le pinceau et de renoncer à la basse profession de mosaïste; mais Francesco avait reçu un trop rude échec pour s'abandonner à de nouvelles espérances. Essayer à trente ans une nouvelle carrière était une résolution trop forte pour un esprit si blessé, pour un corps si affaibli. A ses peines se joignaient celles de ses amis; sa disgrâce avait fait perdre à Ceccato son privilège de maîtrise; lui et Marini languissaient dans une affreuse misère; Francesco sollicitait en vain le paiement de son année de travail. Les finances étaient, comme toutes les autres parties de l'administration, désordonnées et languissantes. Toutes ses démarches étaient inutiles: on le remettait de jour en jour, de semaine en semaine. La haine secrète du procureur-caissier n'était pas étrangère à ces retards de paiement. C'était une vengeance sourde qu'il tirait de l'ironie des Zuccati, trop peu punie à son gré par le conseil.

Les Zuccati étaient résolus à partager leur dernier morceau de pain avec leurs fidèles apprentis. Ils nourrissaient Marini, Ceccato, sa jeune femme convalescente et son dernier enfant. Valerio tirait encore quelque argent des Grecs installés à Veniso, en leur vendant des bijoux; mais cette ressource ne serait plus suffisante pour une si nombreuse famille, lorsque les économies que Francesco avait pu garder seraient épuisées. Alors Valerio se reprochait amèrement de n'en avoir fait aucune; il sentait trop tard que la prodigalité est un vice. « Oui, oui, disait-il en soupirant, l'homme qui dépense en vains plaisirs et en sottes parades le prix de ses sueurs ne mé-

rite pas d'avoir des amis; car il ne pourra pas les secourir au jour de leur détresse. »

Aussi il fallait voir par quel zèle infatigable, par quels
ingénieux dévouements il réparait ses fautes passées. Il
avait divisé son étroit logement en trois parties : l'atelier, le réfectoire et la chambre de Francesco. La nuit,
il dormait sur une natte, dans le premier coin venu, le
plus souvent sur la terrasse élevée de sa mansarde. Le
jour, il travaillait assidûment, et faisait faire des tableaux de mosaïque à ses apprentis, espérant toujours
qu'un moment viendrait où les monuments de l'art ne
seraient plus mis au rang des objets de luxe et de fantaisie. Il veillait seul aux détails du ménage, et s'il laissait
préparer le dîner à la femme de Ceccato, il ne souffrait
pas du moins qu'elle se fatiguât à l'aller acheter. Il allait
lui-même à la *Pesceria*, au marché aux herbes, dans
les *frittole*, et on le voyait, couvert de sueur, traverser
les rues sinueuses avec un panier sous sa robe. S'il rencontrait quelques-uns des jeunes patriciens qui avaient
partagé autrefois ses amusements et ses profusions, il les
évitait avec soin, ou leur cachait obstinément sa pénurie,
dans la crainte qu'ils ne lui envoyassent des secours,
dont la seule offre l'eût humilié. Il affectait de n'avoir
rien perdu de sa gaieté ; mais ce rire forcé sur cette bouche flétrie, ces vifs regards dans des yeux brillants de
fièvre et d'excitation, ne pouvaient tromper que des amitiés grossières ou des esprits préoccupés.

Un jour que Valerio traversait une de ces petites cours
silencieuses et sombres qui servent de passage aux pié-
tons, et où cependant quatre personnes ne se rencontrent
pas face à face en plein jour, il vit, auprès d'un mur hu-
mide, un homme qui cherchait à s'appuyer et qui tombait en défaillance. Il s'approcha de lui et le retint dans
ses bras. Mais quelle fut sa surprise lorsqu'il reconnut,
dans cet homme en haillons, exténué par la faim, et qu'il
avait pris pour un mendiant, son ancien élève Bartolomeo Bozza !

« Il y a donc dans Venise, s'écria-t-il, des artistes plus
malheureux que moi ! »

Il lui fit avaler à la hâte quelques gouttes de vin d'Is-
trie dont il avait une bouteille dans son panier ; puis il
lui donna des figues sur lesquelles l'infortuné se jeta avec
voracité, et qu'il dévora sans ôter la peau. Lorsqu'il fut
un peu apaisé, il reconnut l'homme charitable qui l'avait
assisté. Un torrent de larmes s'échappa de ses yeux ;
mais Valerio ne put jamais savoir si c'était la honte, le
remords ou la reconnaissance qui faisait couler ses
pleurs ; car le Bozza ne prononça pas une seule parole et
s'efforça de fuir : le bon Valerio le retint.

« Où vas-tu, malheureux ? lui dit-il : ne vois-tu pas
que tes forces ne sont pas revenues, et que tu vas tomber
un peu plus loin dans quelques instants ? Je suis pauvre
aussi et ne puis t'offrir de l'argent ; mais viens avec moi,
tes anciens amis t'ouvriront leurs bras ; et tant qu'il y
aura une mesure de riz à San-Filippo, tu la partageras
avec eux. »

Il l'emmena donc, et le Bozza se laissa entraîner ma-
chinalement, sans montrer ni joie ni surprise.

XXI.

Francesco ne put se défendre d'un mouvement de répugnance lorsque le Bozza parut devant lui : il savait que
ce jeune homme, honnête d'ailleurs et incapable d'une
action basse, n'avait aucune bonté, aucune affection,
aucun sentiment généreux dans le cœur. Toutes les voix
de la tendresse et de la sympathie étaient dominées en
lui par celle d'un orgueil farouche et d'une implacable
ambition. Cependant, quand il sut dans quel état Valerio
avait trouvé le Bozza, Francesco courut chercher une de
ses paires de chausses et une de ses meilleures robes, et
les lui offrit, tandis que son frère lui préparait un repas
substantiel. Dès ce moment, le Bozza fit partie de l'indi-
gente famille, qui, à force d'économie, d'ordre et de labeur, vivait encore honorablement à San-Filippo. Valerio ne regrettait pas sa peine ; et quand il voyait, le

soir, toute son ancienne école réunie autour d'un repas
modeste, son âme s'épanouissait encore à la joie, et il
s'abandonnait à une douce effusion. Alors les yeux inquiets de Francesco rencontraient ceux du Bozza toujours
pleins d'indifférence ou de dédain. Le Bozza ne comprenait rien à l'héroïque dévouement des Zuccati. Il concevait si peu cette grandeur, qu'il l'attribuait à des motifs
d'intérêt personnel, au dessein de fonder une école nouvelle, d'exploiter le travail de leurs apprentis, ou de les
enchaîner d'avance par de tels services, qu'ils ne pussent
passer à une école rivale. Ce que ses compagnons trouvaient à bon droit sublime, il le trouvait donc tout simplement habile.

Cependant la misère devenait menaçante de plus en
plus. Les Zuccati étaient bien résolus à s'imposer les
plus sévères privations avant d'avoir recours aux illustres maîtres dont ils possédaient l'amitié. La fortune de
leur père était plus que médiocre ; son orgueil s'était
toujours refusé à recevoir aucun secours de fils placés,
selon lui, dans une condition si basse. Tant qu'ils avaient
été dans la prospérité, ils lui avaient fait passer une
partie de leur salaire ; et, pour qu'il consentît à recevoir
cet argent, il avait fallu que le Titien le lui fît agréer en
son propre nom. Maintenant que les Zuccati ne pouvaient plus assister leur père, le Titien continuait, pour
son propre compte, à servir cette rente au vieillard, et
les fils reconnaissants lui cachaient leur misère, dans la
crainte d'abuser de sa générosité.

Heureusement le Tintoret veillait sur eux, quoique
lui-même fût fort gêné à cette époque. L'art semblait
tomber en discrédit ; les confréries faisaient des *ex voto*
au rabais ; on parlait de vendre tous les tableaux des
scuole pour en distribuer l'argent aux pauvres ouvriers
des corporations. Les patriciens cachaient leur luxe au
fond des palais, afin de n'être point frappés de trop rudes
impôts en faveur des classes pauvres. Néanmoins le Tintoret trouvait encore moyen de secourir ses amis infor-
tunés. Outre qu'à leur insu il leur faisait acheter beaucoup d'ornements, il ne cessait d'insister pour que le
sénat leur donnât de l'emploi. Il réussit enfin à prouver
la nécessité de nouvelles réparations à la basilique. Un
certain nombre de parois de mosaïques byzantines (celles
qu'on voit encore à Saint-Marc) pouvaient être conser-
vées ; mais il fallait les lever entièrement et les replacer
sur un nouveau mastic. D'autres parties étaient tout à
fait irréparables, et il fallait les remplacer par de nouvelles compositions avant que le tout tombât en poussière, ce qui occasionnerait plus de dépenses qu'on ne
pensait. Le sénat décréta ces travaux et vota des sommes
à cet effet ; mais il décida que le nombre des ouvriers
en mosaïque serait réduit, et que, pour faire cesser
toute rivalité, il n'y aurait qu'un chef et qu'une école.
Ce chef serait celui qu'après un concours de tous les
ouvriers précédemment employés, les peintres de la
commission jugeraient le plus habile ; son école serait
recrutée aussitôt, non pas à son choix, selon ses sympathies et ses intérêts de famille, mais selon le degré
d'habileté des autres concurrents reconnus par la commission. Il y aurait donc un grand prix, un second prix,
et quatre accessits. Le nombre des maîtres serait limité
à six.

La commission fut donc nommée et composée des
peintres qui avaient examiné les travaux des Zuccati et
des Bianchini. Le concours fut ouvert, et le sujet pro-
posé fut un tableau de mosaïque représentant saint Jérôme. En même temps que le Tintoret porta cette heureuse nouvelle aux Zuccati, il leur remit les cent ducats
qui leur étaient dus pour une année de travail, et qu'il
avait enfin réussi à obtenir. Cette victoire imprévue sur
une destinée si mauvaise et si effrayante ralluma l'énergie éteinte de Francesco et du Bozza, mais d'une manière bien différente ; car tandis que le jeune maître
pressait dans ses bras son frère et ses chers apprentis,
Bartolomeo, jetant un cri de joie âpre et sauvage comme
celui d'un aigle marin, s'élança hors de l'atelier et ne
reparut plus.

Son premier mouvement fut de courir chez les Bianchini, et de leur exposer leur situation respective. Le Bozza avait pour les Bianchini de la haine et du mépris, mais il pouvait tirer parti d'eux. Il était bien évident pour lui que, soit partialité, soit justice, les travaux de Francesco et de ses élèves passeraient les premiers au concours. Les Bianchini n'étaient que des manœuvres, et certainement ne seraient admis qu'en sous-ordre aux travaux futurs de la république. D'un autre côté, le Bozza savait que l'état de langueur et de maladie de Francesco ne lui permettrait pas de travailler. Il pensait que Valerio produirait à lui seul les deux essais commandés aux Zuccati, que même les apprentis y mettraient la main; car le délai accordé était court, et la commission voulait juger la promptitude aussi bien que le savoir des concurrents. Il se flattait donc, au fond de l'âme, de pouvoir rivaliser à lui seul contre toute cette école. Dans les derniers temps qu'il venait de passer à San-Filippo, il avait beaucoup étudié le dessin et cherché à s'emparer de tous les secrets de couleur et de ligne, que Valerio lui avait, du reste, naïvement et généreusement communiqués.

Quoique espérant surpasser les Zuccati, le Bozza ne s'aveuglait pourtant pas sur la difficulté de supplanter Francesco, dont le nom était déjà illustre, tandis que le sien était encore ignoré. Il fallait, pour l'écarter, que les procurateurs parvinssent à épouvanter les juges par les intrigues et les menaces de Melchiore. Or, les procurateurs étaient favorables aux Bianchini, qui les avaient adulés lâchement en leur disant qu'ils se connaissaient beaucoup mieux en peinture et en mosaïque que le Titien et le Tintoret. Résolu à lutter contre le talent des Zuccati, le Bozza n'avait plus qu'à se rendre favorable l'influence des Bianchini. Il le fit en démontrant aux Bianchini qu'ils ne pouvaient se passer de lui, puisqu'ils ignoraient absolument les règles du dessin, et que leurs travaux seraient infailliblement écartés du concours s'ils ne lui en abandonnaient la direction. Cette prétention insolente ne blessa pas les Bianchini. L'argent leur était encore plus cher que la louange; et la froideur des peintres à leur égard, lors du dernier examen, leur avait laissé de grandes craintes pour l'avenir. Ils acceptèrent donc l'offre du Bozza, et consentirent même à lui donner d'avance dix ducats. Aussitôt il courut acheter, avec la moitié de cette somme, une belle chaîne qu'il envoya aux Zuccati, et que Francesco passa au cou de son frère sans savoir de quelle part elle venait.

De tous côtés on se mit au travail avec ardeur. Mais Francesco, un instant ranimé par l'espérance, compta trop sur ses forces, et repris par la fièvre au bout de quelques jours, fut obligé d'interrompre son œuvre, et de surveiller de son lit les travaux de son école.

XXII.

Cette rechute causa un si vif chagrin à Valerio, qu'il faillit abandonner son travail et se retirer du concours. L'état de Francesco était grave, et les angoisses d'esprit qu'il éprouvait à l'aspect de son chef-d'œuvre commencé et interrompu augmentaient encore ses souffrances physiques. Ces angoisses s'aggravèrent lorsque la femme de Ceccato vint lui dire étourdiment qu'elle avait vu en passant le Bozza dans l'atelier des Bianchini. Ce trait d'ingratitude lui parut si noir, qu'il en pleura d'indignation, et qu'il eut un redoublement de fièvre. Valerio, le voyant si tourmenté, prétendit que la Nina s'était trompée, et qu'il allait s'en assurer par lui-même. Il ne pouvait croire en effet à tant d'insensibilité de la part d'un homme avec qui, malgré beaucoup de griefs, il avait partagé ses dernières ressources. Il courut à San-Fantino, où était situé l'atelier des Bianchini, et il vit, par la porte entr'ouverte, le Bozza occupé à diriger le jeune Antonio. Il le fit demander, et, l'ayant emmené à quelque distance, il lui reprocha vivement sa conduite.

« En vous voyant partir précipitamment l'autre jour, lui dit-il, j'avais bien compris qu'au premier espoir de succès personnel vos anciens amis vous deviendraient étrangers; je reconnaissais bien là l'égoïsme de l'artiste, et mon frère cherchait à l'excuser en disant que la soif de la gloire est une passion si impérieuse, que tout se tait devant elle; mais entre l'égoïsme et la méchanceté, entre l'ingratitude et la perfidie, il y a une distance que je ne croyais pas vous voir franchir si lestement. Honneur à vous, Bartolomeo! vous m'avez donné une cuisante leçon, et vous m'avez fait douter de la sainte puissance des bienfaits.

— Ne parlez pas de bienfaits, Messer, répondit le Bozza d'un ton sec; je n'en ai accepté aucun. Vous m'avez secouru dans l'espérance que je vous deviendrais utile. Moi, je n'ai pas voulu vous être utile, et je vous ai payé vos services par un présent dont la valeur surpasse de beaucoup les dépenses que vous avez pu faire pour moi. »

En parlant ainsi, le Bozza désignait de l'œil et du doigt la chaîne que Valerio portait au cou. A peine eut-il compris ce dont il s'agissait, qu'il l'arracha si violemment, qu'elle se brisa en plusieurs morceaux.

« Est-il possible, s'écria-t-il en dévorant des larmes de honte et de colère, est-il possible que vous ayez eu l'audace de m'envoyer un présent?

— Cela se fait tous les jours, répondit le Bozza; je ne nie pas l'obligation que vous avez eue de me recueillir, et je vous sais même gré de m'avoir assez bien connu pour ne pas être en peine des avances que vous m'avez faites en me nourrissant.

— Ainsi, dit Valerio en tenant la chaîne dans sa main tremblante, et en fixant sur le Bozza des yeux étincelans de fureur, vous avez pris mon atelier pour une boutique, et vous avez cru que je tenais table ouverte par spéculation? C'est ainsi que vous appréciez mes sacrifices, mon dévouement à des frères malheureux! Quand, pour vous laisser le temps de travailler, je préparais moi-même votre repas, vous m'avez pris pour votre cuisinier?

— Je n'ai pas eu de telles idées, répondit froidement le Bozza. J'ai pensé que vous vouliez vous attacher un artiste que vous ne jugiez pas sans talent, et, pour me dégager en m'acquittant avec vous, je vous ai fait un cadeau. N'est-ce pas l'usage? »

A ces mots Valerio, exaspéré, lui jeta violemment la chaîne au visage. Le Bozza fut atteint près de l'œil, et le sang coula.

« Vous me paierez cet affront, dit-il avec calme; si je me contiens ici, c'est que d'un mot je pourrais attirer dix poignards sur votre gorge. Nous nous reverrons ailleurs, j'espère.

— N'en doutez pas », répondit Valerio.

Et ils se séparèrent.

En revenant chez lui, Valerio rencontra le Tintoret, et lui raconta ce qui venait de lui arriver. Il lui fit part aussi de la rechute de Francesco. Le maître s'en affligea sincèrement; mais voyant que le découragement était entré dans l'âme de Valerio, il se garda bien de lui donner ces consolations vulgaires qui aigrissent encore le chagrin chez les esprits ardents. Il affecta, au contraire, de partager ses doutes sur l'avenir, et de regarder le Bozza comme très-capable de le surpasser au concours, et de mener si bien l'école des Bianchini, qu'elle l'emporterait sur celle des Zuccati.

« Cela est bien triste à penser, ajouta-t-il. Voilà des hommes qui ne savent rien en fait d'art; mais, grâce à un jeune homme qui ne sait pas davantage et y a peu de temps; grâce à la persévérance et à l'audace qui souvent tiennent lieu de génie, les plus beaux talents vont peut-être rentrer dans l'ombre, tandis que l'ignorance ou tout au moins le mauvais goût, vont tenir le sceptre. Adieu l'art! nous voici arrivés aux jours de la décadence!

— Ce mal n'est peut-être pas inévitable, mon cher maître! s'écria Valerio, ranimé par ce feint abattement. Vive Dieu! le concours n'est pas encore ouvert, et le Bozza n'a pas encore produit son chef-d'œuvre.

— Je ne te dissimulerai pas, reprit le Tintoret, que son commencement est fort beau. J'y ai jeté les yeux

Puis la petite Maria vint jouer avec les boucles argentées de sa barbe. (Page 39.)

hier en passant à San-Fantino, et j'en ai été surpris; car je ne croyais pas le Bozza capable d'un tel dessin. Son élève, le jeune Antonio, est plein de dispositions, et d'ailleurs Bartolomeo retouche son essai si minutieusement, qu'il n'y laissera pas une tache. Il dirige aussi les deux autres; et les Bianchini sont des copistes si serviles, qu'avec un bon maître ils sont capables de bien dessiner par instinct d'imitation, sans comprendre le dessin.

— Mais enfin, maître, dit Valerio troublé, vous ne voudrez pas donner le prix à des charlatans, au détriment des vrais serviteurs de l'art? Messer Tiziano ne le voudra pas non plus?

— Mon cher enfant, dans cette lutte, nous ne sommes pas appelés à juger les hommes, mais les œuvres; et, pour plus d'intégrité, il est probable que les noms seront mis hors de cause. Tu sais, d'ailleurs, que l'usage est de prononcer sans avoir vu la signature d'aucun ouvrage. A cet effet, on le couvre d'une bande de papier avant de nous présenter le tableau. Cet usage est un symbole de l'impartialité qui doit dicter nos arrêts. Si ë Bozza te surpasse, mon cœur en saignera, mais ma

bouche dira la vérité. Si les Bianchini triomphent, je penserai que l'imposture l'emporte sur la loyauté, le vice sur la vertu; mais je ne suis pas l'inquisiteur, et je n'ai à juger que des compartiments d'émail plus ou moins bien arrangés dans un cadre.

— Je le sais bien, maître, reprit Valerio un peu piqué; mais pourquoi pensez-vous que l'école des Zuccati ne vous forcera pas à lui accorder la palme? C'est bien ainsi qu'elle l'entend. Qui vous demande une indulgence coupable? Nous n'en voudrions pas, en supposant que nous pussions l'obtenir de vous.

— Tu me parais si découragé, mon pauvre Valerio, et tu as un si énorme travail à faire, si ton frère ne se rétablit pas promptement, qu'en vérité je suis effrayé de la position où tu te trouves. D'ailleurs, Francesco malade, votre école existe-t-elle? Tu es un maître habile; tu es doué d'une facilité merveilleuse, et l'inspiration semble venir au-devant de toi. Mais n'es-tu pas toujours tourné le dos à la gloire? N'es-tu pas insensible aux applaudissements de la foule? Ne préfères-tu pas les enivrements du plaisir, ou le *dolce far niente*, aux titres, aux richesses et aux louanges? Tu es un homme admirablement doué, mon jeune maître ; ton intelligence pourrait triompher de tout ; mais, il ne faut pas se le dissimuler, tu n'es point un artiste. Tu dédaignes la lutte, tu méprises l'enjeu, tu es trop désintéressé pour descendre dans l'arène. Le Bozza, avec la centième partie de ton génie, arrivera encore à tout par l'ambition, par la persévérance, la dureté de cœur.

— Maître, vous avez peut-être raison, dit Valerio, qui avait écouté ce discours d'un air rêveur. Je vous remercie de m'avoir exprimé vos craintes ; elles sont l'effet d'une tendre sollicitude, et je les trouve trop bien fondées ; cependant, maître, il faudra voir ! Adieu ! »

En parlant ainsi, Valerio, suivant l'usage du temps et du pays, baisa la main de l'illustre maître, et franchit légèrement le Rialto.

XXIII.

Valerio bouleversa tout en rentrant dans son atelier. Il marchait avec feu, parlait haut, fredonnait d'un air sombre le refrain d'une joyeuse chanson de table, disait d'un air tendre des paroles dures, brisait ses outils, raillait ses élèves, et, s'approchant du lit de son frère, il l'embrassait avec passion en lui disant d'un air moitié fou, moitié inspiré : « Va, sois tranquille, Checo, tu guériras, tu auras le grand prix, nous présenterons un chef-d'œuvre au concours ; va, va ! rien n'est perdu, la Muse n'est pas encore remontée aux cieux. »

Francesco le regarda d'un air étonné.

« Qu'as-tu donc ? lui dit-il ; tout ce que tu dis est étrange. Qu'est-il donc arrivé ? T'es-tu pris de querelle avec quelqu'un ? As-tu rencontré les Bianchini ?

— Explique-toi, maître, dis-nous ce qui s'est passé, ajouta Marini. Si j'en crois quelques propos que j'ai entendus malgré moi ce matin, le tableau du Bozza est déjà très-avancé, et l'on dit que ce sera un chef-d'œuvre ; voilà pourquoi tu es tourmenté, maître, mais rassure-toi : nos efforts...

— Tourmenté, moi ! s'écria Valerio ; et depuis quand donc suis-je tourmenté quand un de mes élèves se distingue ? Et dans quel moment de ma vie m'avez-vous vu m'affliger ou m'inquiéter des triomphes d'un artiste ? En vérité, je suis un envieux, moi, n'est-ce pas ?

— D'où te vient cette susceptibilité, mon bon maître ? dit Ceccato. Qui de nous a jamais eu une pareille pensée ? Mais, dis-nous, nous t'en supplions, s'il est vrai que le Bozza ait tracé les lignes d'une admirable composition ?

— Sans doute ! répondit Valerio en souriant et en reprenant tout à coup sa douceur et sa gaieté ordinaires, il doit être capable de le faire ; car je lui ai donné d'assez bons principes pour cela. Eh bien ! qu'avez-vous donc, tous, à prendre cette pose morne ? On dirait autant de saules penchés sur une citerne tarie. Voyons, qu'y a-t-il ? La Nina a-t-elle oublié le dîner ? Le procurateur-caissier nous aurait-il commandé un nouveau barbarismo ?... Allons, enfants, à l'ouvrage ! il n'y a pas un jour à perdre, il n'y a pas seulement une heure. Allons, allons, les outils ! les émaux ! les boîtes ! et qu'on se surpasse, car le Bozza fait de belles choses, et il s'agit d'en faire de plus belles encore. »

Dès ce moment la joie et l'activité revinrent habiter le petit atelier de San-Filippo. Francesco sembla revenir à la vie en retrouvant dans tous ces regards amis l'éclair d'espérance, le rayon de joie sainte, qui avaient fait autrefois éclore les chefs-d'œuvre de la coupole Saint-Marc. Le doute s'était un instant posé sur toutes ces jeunes têtes, comme une voûte de plomb sur de riantes caryatides ; mais Valerio l'avait chassé avec une plaisanterie. L'effort immense de sa volonté s'était concentré au dedans de lui-même ; il ne le manifesta que par un surcroît d'enjouement. Mais une révolution importante s'était opérée dans Valerio, ce n'était plus le même homme. S'il n'avait pas mordu à l'appât de la vanité, s'il n'était pas devenu un de ces esprits jaloux qui ne peuvent souffrir la gloire ou le triomphe d'autrui, du moins il s'était

dévoué religieusement à sa profession ; son caractère était devenu sérieux sous une apparence de gaieté. Le malheur l'avait rudement éprouvé dans la partie la plus sensible de son âme, en frappant les êtres qu'il aimait, et en lui démontrant, par de dures leçons, les avantages de l'ordre. Il venait aussi d'apprendre la cause du dénûment où Francesco, malgré son économie et la régularité de ses mœurs, s'était trouvé le lendemain de son procès. En découvrant, dans le coffre de son frère, les quittances de ses créanciers, Valerio avait pleuré comme l'enfant prodigue. Les grandes âmes ont souvent de grandes taches, mais elles les effacent, et c'est là ce qui distingue leurs défauts de ceux du vulgaire. Aussi, depuis ce jour, Valerio, quoique dans les plus belles conditions de fortune, ne se départit jamais des règles de modération et de simplicité qu'il s'imposa dans le secret de son cœur. Il ne dit jamais un mot de cette résolution à personne ; mais il montra sa reconnaissance à Francesco par le dévouement de toute sa vie, et sa fermeté d'âme par une moralité à toute épreuve.

Une douce joie, une gaieté laborieuse, les chants et les rires réveillèrent les échos endormis de cette petite salle. L'hiver était rude ; mais le bois ne manquait pas, et chacun avait désormais une belle robe de drap fourré de zibeline et un chaud pourpoint de velours. Francesco se rétablit comme par miracle. La Nina recouvra sa fraîcheur et sa gentillesse, et devint enceinte d'un second enfant, dont l'attente la consola de la perte de son premier-né. Celui qui avait survécu à la peste grandissait à vue d'œil, et la petite Maria Robusti, sa marraine, venait souvent l'amuser dans l'atelier des Zuccatti. Cette jeune fille charmante prenait un naïf intérêt aux travaux de ses jeunes compères, et déjà elle était en état d'en apprécier le mérite.

Enfin, le grand jour arriva, et tous les tableaux furent portés dans la sacristie de Saint-Marc, où la commission était assemblée. On avait adjoint le Sansovino aux maîtres précédemment nommés.

Valerio avait fait de son mieux, une vive espérance était descendue dans son sein. Il arrivait au concours avec cette sainte confiance qui n'exclut pas la modestie. Il aimait l'art pour lui-même, il était heureux d'avoir réussi à rendre sa pensée, et l'injustice des hommes ne pouvait lui ôter cette innocente satisfaction. Son frère était vivement ému, mais sans mauvaise honte, sans haine et sans jalousie. Son beau visage pâle, ses lèvres délicates et frémissantes, son regard à la fois timide et fier, attendrirent vivement les maîtres de la commission. Tous désirèrent pouvoir lui adjuger le prix ; mais leur attention fut aussitôt détournée par un homme si blême, si tremblant, si convulsivement courbé en salutations demi-craintives, demi-insolentes, qu'ils en furent presque effrayés, comme on l'est à l'aspect d'un fou. Bientôt cependant le Bozza reprit un sang-froid et une tenue convenables ; mais à chaque instant il se sentait près de s'évanouir.

Les mosaïstes attendirent dans une pièce voisine, tandis que les peintres procédèrent à l'examen de leurs ouvrages. Au bout d'une heure, qui sembla au Bozza durer un siècle, ils furent appelés, et le Tintoret, marchant à leur rencontre, les pria de s'asseoir en silence. Sa figure rigide n'annonçait rien de ce que chacun eût voulu y découvrir. Le silence ne fut pas difficile à faire observer. Tous avaient la poitrine oppressée, la gorge serrée, le cœur palpitant. Quand ils furent rangés sur le banc qui leur était destiné, le Titien, comme le doyen, prononça d'une voix haute et ferme, en se plaçant près des tableaux qu'on avait alignés le long du mur, la formule suivante :

« Nous, Vecelli dit Tiziano, Jacopo Robusti dit Tintoretto, Jacopo Sansovino, Jacopo Pistoja, Andrea Schiavone, Paolo Cagliari dit Véronèse, tous maîtres en peinture, avoués par le sénat et par l'honorable et fraternelle corporation des peintres, commis par la glorieuse république de Venise, et nommés par le vénérable conseil des Dix aux fonctions de juges des ouvrages présentés à ce concours, avec l'aide de Dieu, le flambeau de la

raison et la probité du cœur, avons examiné attentive-
ment, consciencieusement et impartialement lesdits ouvrages, et avons à l'unanimité déclaré seul digne d'être
promu à la première maîtrise et direction de tous les
autres maîtres ci-dessus nommés, l'auteur du tableau
sur lequel nous avons inscrit le nº 1, avec le sceau de la
commission. Ce tableau, dont nous ignorons l'auteur,
fidèles que nous sommes au serment que nous avons
prêté de ne pas lire les inscriptions avant d'avoir prononcé sur le mérite des œuvres, va être exposé à vos
regards et aux nôtres. »

En même temps, le Tintoret souleva un des voiles
qui couvraient le tableau, et enleva la bande qui cachait
la signature. Un cri de bonheur s'échappa du sein de
Francesco. Le tableau couronné était celui de son frère.
Valerio, qui n'avait jamais compté, dans ses jours de
confiance, que sur le second prix, demeura immobile, et
n'osa se livrer à la joie qu'en voyant les transports de son
frère.

Le second tableau couronné fut celui de Francesco ; le
troisième, celui de Bozza. Mais quand le Tintoret, qui
prenait en pitié ses angoisses, et s'imaginait lui causer
une grande joie, se retourna vers lui, croyant le voir
comme les autres se lever et se découvrir, il fut forcé de
l'appeler par trois fois. Le Bozza resta immobile, les bras
croisés sur sa poitrine, le dos appuyé à la muraille, la
tête plongée et cachée dans son sein. Un prix de troisième ordre était trop au-dessous de son ambition. Ses
dents étaient si serrées et ses genoux si contractés, qu'on
fut presque forcé de l'emporter après le concours.

Les derniers prix échurent à Ceccato, à Gian-Antonio
Bianchini et à Marini. Les deux autres Bianchini suc-
combèrent ; mais la république leur donna plus tard de
l'ouvrage, lorsqu'on reconnut qu'on avait trop limité le
nombre des maîtres mosaïstes. Seulement leur tâche leur
fut assignée dans des établissements où ils ne se trouvèrent plus en contact ni en rivalité avec les Zuccati, et
leur haine fut à jamais réduite à l'impuissance.

XXIV.

Avant de lever la séance, le Titien exhorta les jeunes
lauréats à ne pas se croire arrivés à la perfection, mais
à travailler longtemps encore d'après les modèles des
anciens maîtres et les cartons des peintres. « C'est en
vain, leur dit-il, qu'à la vue de parcelles brillantes, unies
avec netteté et figurant une ressemblance grossière avec
les objets du culte, le vulgaire s'inclinera ; c'est en vain
que des gens prévenus nieront une mosaïque puisse
atteindre à la beauté de dessin de la peinture à fresque :
que ceux d'entre vous qui sentent bien par quels procédés ils ont mérité nos suffrages et dépassé leurs émules
persévèrent dans l'amour de la vérité et dans l'étude de
la nature ; que ceux qui ont commis l'erreur de travailler
sans règle et sans conviction profitent de leur défaite et
s'adonnent sincèrement à l'étude. Il est toujours temps
d'abjurer un faux système et de réparer le temps perdu. »

Il entra dans un examen détaillé de tous les ouvrages
exposés au concours, en en fit ressortir les beautés et
les défauts. Il insista surtout sur les fautes du Bozza,
après avoir donné de grands éloges aux belles parties de
son œuvre. Il reprocha au visage de saint Jérôme le caractère disgracieux des lignes, une certaine expression
de dureté qui convenait moins à un saint qu'à un guerrier païen, un coloris de convention privé de vie, un
regard froid, presque méprisant. « C'est une belle figure,
ajouta-t-il, mais ce n'est pas saint Jérôme. »

Le Titien parla aussi des Bianchini, et tâcha d'adoucir
l'amertume de leur défaite en louant leur travail sous un
certain point de vue. Comme il avait coutume de mettre
toujours la dose de miel un peu plus forte que celle
d'absinthe, après avoir approuvé la partie matérielle de
leurs ouvrages il essaya d'en louer aussi le dessin ; mais
au milieu d'une phrase un peu hasardée, il fut interrompu par le Tintoret, qui prononça ces paroles consi-
gnées dans le procès-verbal :

« *Io non ho fatto giudizio delle figure, ne della sua
bontà, perchè non mi è sta domanda.* »

A la suite de cette mémorable matinée, le Titien donna
un grand dîner à tous les peintres de la commission et
à tous les mosaïstes couronnés. La petite Maria Robusti
y parut vêtue en sibylle, et le Titien traça ce soir-là,
d'après elle, l'esquisse de la tête de la Vierge enfant dans
le beau tableau qu'on voit au musée de Venise. Le Bozza
ne se montra point.

Le repas fut magnifique. On porta joyeusement la
santé des lauréats. Le Titien observait avec étonnement
le visage et les manières de Francesco. Il ne comprenait
pas cette absence totale de jalousie, cet amour fraternel
si tendre et si dévoué dans un artiste. Il savait pourtant
que Francesco n'était pas dépourvu d'ambition. La petite
Maria Robusti portait la santé du Titien, et, aussitôt
après, Francesco, se levant, dit avec un front radieux
en élevant sa coupe : « Je bois à mon maître, Valerio
Zuccato. » Les deux frères se jetèrent dans les bras l'un
de l'autre et confondirent leurs larmes.

Le bon prêtre Alberto s'égaya, dit-on, un peu plus
que de raison, en buvant seulement quelques gouttes
des vins de Grèce que les convives avalaient à pleines
coupes. Il était si doux et si naïf, que toute son ivresse
se tourna en expansion d'amitié et d'admiration.

Le vieux Zuccato vint à la fin du dîner ; il était de
mauvaise humeur.

« Mille grâces, maître, répondit-il au Titien, qui lui
offrait une coupe ; comment voulez-vous que je boive un
jour comme celui-ci ?

—N'est-ce pas le plus beau jour de votre vie, compère ?
reprit le Titien ; et à cause de cela, ne faut-il pas vider
un flacon de Samos avec vos amis ?

— Non, maître, répliqua le vieillard, ce jour n'est pas
beau pour moi. Il enchaîne à jamais mes fils à un métier
ignoble, et condamne deux talents de premier ordre à
des travaux indignes. Grand merci ! je ne vois pas là
sujet de boire. »

Il se laissa pourtant fléchir lorsque ses fils portèrent
sa santé. Puis la petite Maria vint jouer avec les boucles
argentées de sa barbe, réclamant ce qu'elle appelait la
grâce de son mari.

« Ouais ! dit Zuccato, cette plaisanterie dure-t-elle
encore, ma belle enfant ?

— Si bien que je veux vous donner un repas de
fiançailles au premier jour », répondit le Tintoret en
souriant.

L'histoire ne dit point si ce repas eut lieu, ni si Valerio
Zuccato épousa Maria Robusti. Il est à croire qu'ils restèrent intimement liés et que les deux familles n'en firent
jamais qu'une. Francesco voulut en vain abdiquer son
autorité en vertu des droits de son frère ; il fut forcé par
la persévérance de celui-ci de reprendre son rôle de
premier maître, de sorte que le titre de Valerio demeura
purement honorifique. L'école des Zuccati redevint flo-
rissante et joyeuse. Rien n'y fut changé, si ce n'est que
Valerio mena une vie régulière, et que Gian-Antonio
Bianchini, entraîné par les bons exemples et gagné par
les bons procédés, devint un artiste estimable dans son
talent et dans sa conduite. Des jours heureux se levèrent
sur ce nouvel horizon, et les Zuccati produisirent d'autres
chefs-d'œuvre dont le détail serait trop long, et que vous
avez d'ailleurs, mes enfants, tout le loisir d'aller admirer
dans nos basiliques. Le *Saint-Jérôme* du Bozza est dans
la salle du trésor, celui de Gian-Antonio dans la sacristie
de Saint-Marc, celui de Zuccato fut envoyé en présent au
duc de Savoie. Je ne saurais vous dire ce qu'il est
devenu. »

Ici finit le récit de l'abbé. Des réclamations s'élevèrent relativement au Bozza. Malgré les grands torts de
cet artiste, ses grandes souffrances nous intéressèrent.

« Le Bozza, reprit l'abbé, ne put supporter l'idée de
travailler sous les ordres des Zuccati. La crainte d'avoir
à les trouver encore généreux après toutes ses fautes lui

était plus affreuse que celle de tous les châtiments. Il erra de ville en ville, travaillant tantôt à Bologne, tantôt à Padoue, vivant de peu, et gagnant encore moins. Malgré son grand talent et son diplôme, ses manières hautaines et son air sombre inspiraient la méfiance. Il était peu sensible à la misère; mais l'obscurité fit le tourment de sa vie. Il revint à Venise au bout de quelques années, et les Zuccati obtinrent pour lui une maîtrise et des travaux. Les temps étaient changés. Le gouvernement était devenu moins strict dans ses réformes. Le Bozza put travailler; mais il paraît que le Tintoret ne put jamais lui pardonner sa conduite passée à l'égard des Zuccati. Le rigide vieillard, forcé de lui fournir des cartons, les lui faisait attendre si longtemps, que nous avons une lettre du Bozza où il se plaint d'être réduit à la misère par les lenteurs interminables du maître. Les Zuccati n'avaient rien de semblable à craindre, ils pouvaient dessiner eux-mêmes leurs sujets, et d'ailleurs ils étaient aimés et estimés de tous les maîtres. Ils ont poussé l'art de la mosaïque à un degré de perfection qui n'a jamais été égalé. Le Bozza a laissé de beaux ouvrages; mais il ne put jamais vaincre ses défauts, parce que son âme était incomplète.

Marini et Ceccato paraissent avoir survécu aux Zuccati et les avoir remplacés au premier rang de la maîtrise.

Et maintenant, mes amis, ajouta l'abbé, si vous examinez ces magnifiques parois de mosaïque du grand siècle de la peinture vénitienne, et si vous vous rappelez ce que je vous montrais l'autre jour, à Torcello, des fragments de l'ancienne gypsoplastique byzantine, vous verrez que les destinées de cet art tout oriental ont été liées à celles de la peinture jusqu'à l'époque des Zuccati; mais que plus tard, livrée à elle-même, la mosaïque s'abâtardit, et finit par se perdre entièrement. Florence semble s'être emparée de cet art, mais elle l'a réduit à la pure décoration. La nouvelle chapelle des Médicis est remarquable par la richesse des matériaux employés à la revêtir. Le lapis-lazuli veiné d'or, les marbres les plus précieux, l'ambre gris, le corail, l'albâtre, le vert de Corse, la malachite, se dessinent en arabesques et en ornements d'un goût très-pur. Mais nos anciens tableaux d'un coloris ineffaçable, nos brillants émaux si ingénieusement obtenus dans toutes les nuances désirables par la fabrique de verroterie de Murano, nos illustres maîtres mosaïstes, et nos riches corporations, et nos joyeuses compagnies, tout cela n'existe plus que pour constater, par des monuments, par des ruines ou par des souvenirs, la splendeur des temps qui ne sont plus. »

Le jour parut à l'horizon. Les mouettes cendrées s'élevèrent en troupes du fond des marécages de Palestrine, et sillonnèrent en tous sens l'air, qui blanchissait sensiblement de minute en minute. Le soleil se leva avec une rapidité qui m'était inconnue, et la beauté de cette matinée me jeta dans une sorte d'extase.

« Voilà la seule chose que l'étranger ne puisse pas nous ôter, me dit l'abbé avec un triste sourire; si un décret pouvait empêcher le soleil de se lever radieux sur nos coupoles, il y a longtemps que trois sbires eussent été lui signifier de garder ses sourires et ses regards d'amour pour les murs de Vienne. »

FIN DES MAITRES MOSAISTES.

RELATION D'UN VOYAGE

CHEZ LES SAUVAGES DE PARIS

LETTRE A UN AMI.

Jusqu'ici, mon vieux ami, tu m'as humilié de ta supériorité comme voyageur, et tandis que je n'avais à te parler que de Venise ou de Palma, toi, Malgache intrépide, tu me promenais, dans tes récits merveilleux, de l'Atlas au cap de Bonne-Espérance, et de Sainte-Hélène à l'île Maurice. Il était temps de me lancer à mon tour dans les grandes expéditions. Ce désir m'avait tourmenté durant toute ma jeunesse, et, sur le déclin de mes jours, je sentais bien qu'il fallait renoncer à mes rêves, ou changer enfin en exploits sérieux de longues et stériles velléités.

C'est pourquoi, pas plus loin qu'hier matin, je me décidai au départ, et, de retour le soir même, après la plus heureuse traversée, je me promis de t'adresser le récit de mes aventures.

Ne voulant pas faire les choses à demi, je me dirigeai d'un seul bond vers les antiques solitudes du Nouveau Monde, et après avoir consacré la matinée à faire une pacotille de drap écarlate, de plumes d'autruche peintes des couleurs les plus tranchantes, et de verroteries bariolées, je rassemblai ma famille et partis avec elle vers midi, par un temps favorable. J'oubliai, il est vrai, de faire mon testament et d'adresser de solennels adieux à mes amis. Le navire mettait à la voile... je veux dire que le sapin attendait dans la rue, et, grâce au pilote expérimenté qui tenait le gouvernail de ce véhicule, nous arrivâmes sans encombre rue du Faubourg-Saint-Honoré, où nous devions prendre terre chez les Peaux Rouges de l'Amérique du Nord.

En d'autres termes, nous fûmes admis par M. Catlin à visiter l'intérieur de la salle Valentino, au sein de laquelle devait s'effectuer notre voyage, à travers quarante-huit tribus indiennes, sur un territoire de douze ou quinze cents milles d'étendue.

M. Catlin est un voyageur modèle, digne de rivaliser avec toi, cher Malgache, pour le courage, la persévérance, la sobriété, et l'amour de la science. Mais, tandis que tu t'es appliqué spécialement à l'étude des plantes et de leurs hôtes charmants, les papillons et les scarabées, il a tourné ses observations, lui, sur un sujet qui intéresse plus directement les peintres et les romanciers, l'étude de la forme humaine et celle du paysage.

Convaincu avec trop de raison de la rapide et prochaine extinction des races indigènes de l'Amérique du

Nord, et reconnaissant pour l'avenir l'importance d'une histoire pittoresque de ces peuples, M. Catlin est parti seul, sans amis et sans conseils, armé de ses pinceaux et de sa palette, pour fixer sur la toile et sauver de l'oubli les traits, les mœurs et les costumes de ces peuplades dites sauvages, et qu'il faudrait plutôt désigner par le nom d'hommes primitifs. Il a consacré huit années à cette exploration, et visité, au péril de sa vie, les divers établissements d'une population d'environ cinq cent mille âmes, aujourd'hui déjà réduite de plus de la moitié, par l'envahissement du territoire, l'eau-de-vie, la poudre à canon, la petite vérole et autres bienfaits de la civilisation.

Cette collection contient, outre un musée d'armes, de costumes, de crânes et d'ustensiles des plus curieux, plus de cinq cents tableaux dont une partie est une galerie de portraits d'après nature d'hommes et de femmes distingués des différentes tribus, et le reste une série de paysages et de scènes de la vie indienne, jeux, chasses, danses, sacrifices, combats, mystères, etc. Dans un modeste prospectus, M. Catlin réclame l'indulgence du public pour des esquisses faites rapidement, à travers mille dangers, et quelquefois sur un canot qu'il fallait pagayer d'une main tandis qu'il peignait de l'autre.

La vérité est que le peintre voyageur partit sans talent, et qu'il serait trop facile de critiquer la couleur de certains paysages, le dessin de certaines figures. Mais il lui est arrivé d'acquérir peu à peu le résultat mérité par la persévérance, la bonne foi et le sentiment qu'on a de l'art, lors même qu'on en ignore la pratique. Ainsi tout artiste reconnaîtra dans ses peintures un talent de naïveté, et, dans la plupart des portraits, un éminent talent de conscience, une vérité parlante dans les physionomies, des détails d'un dessin excellent, tout d'inspiration ou de divination, enfin ce quelque chose de senti et de compris que nul ne peut acquérir s'il n'en est doué, et qu'aucune théorie froidement acquise ne remplace.

J'ai donc parcouru les tribus indiennes sans fatigue et sans danger ; j'ai vu leurs traits, j'ai touché leurs armes, leurs pipes, leurs *scalps ;* j'ai assisté à leurs initiations terribles, à leurs chasses audacieuses, à leurs danses effrayantes : je suis entré sous leurs wigwams. Tout cela mérite bien que les bons habitants de Paris qui connaissent déjà poétiquement ces contrées, grâce à Chateaubriand, à Cooper, etc., quittent le coin de leur feu et aillent s'assurer par leurs yeux de la vérité de ces belles descriptions et de ces piquants récits. Les yeux nous en apprennent encore plus que l'imagination ; et chacun, transformant par son sentiment individuel les impressions diverses qu'il reçoit par les sens, chacun, après avoir fait le tour du musée Catlin, peut connaître l'Amérique sauvage encore mieux qu'il ne l'a fait jusqu'ici par la lecture et la rêverie.

Chez la plupart de ces Indiens, M. Catlin a été reçu avec l'antique hospitalité. Il a trouvé chez eux de la droiture et de la bonté ; mais parfois il a failli être victime de leurs préjugés, ce monde mystérieux contre lequel viennent échouer fatalement la prudence et les prévisions des blancs. Un jour, entre autres, ayant obtenu de faire le portrait d'un chef, il se plut à retracer les belles lignes de son profil ; mais un des guerriers, qui l'examinait, dit au chef : « Ce blanc te méprise, il ne fait que la moitié de toi, et veut dire par là qu'il te prend pour une moitié d'homme. » A l'instant même, le chef, quittant brusquement la pose, s'élança sur celui qui venait de faire cette outrageante réflexion, et un combat furieux s'engagea entre eux. L'artiste, incertain de l'issue de la lutte, s'échappa, et alla se réfugier dans un des forts situés de distance en distance sur les Montagnes Rocheuses, et destinés à protéger, c'est-à-dire à surveiller les mouvements des Indiens. Le chef fut vainqueur, et M. Catlin put revenir achever son portrait. Si l'épilogueur eût tué ce chef, qui lui cassa la tête, le peintre eût payé de la sienne le combat qu'il avait suscité.

Chaque jour la civilisation, qui pénètre dans l'intérieur du désert et qui détruit les populations, effraie de ses menaces ceux des chefs indiens qui commencent à pos-

séder le don fatal de la prévoyance. Cette triste faculté est si étrangère à l'homme de la nature, qu'en général, lorsque les missionnaires les décident à semer, à planter, et à élever des bestiaux, les pommes de terre sont arrachées et mangées avant d'avoir germé, les jeunes arbres sont coupés dès qu'ils ont atteint la taille d'une lance, et les bestiaux sont tués en masse dans une grande chasse, au plus grand divertissement des jeunes guerriers. Pourtant les faits de l'expérience se pressent si terriblement sous leurs yeux, que les *sages* de plusieurs tribus encore barbares confient leurs enfants aux missionnaires pour les instruire, et renoncent entre eux à ce système de guerre rendu plus destructif depuis cent ans par l'usage des armes à feu qu'il ne l'avait été durant tous les siècles du passé. Notre civilisation arrivera-t-elle à sauver ces nobles races lorsqu'elles l'auront franchement acceptée ? J'en doute, puisque nous sommes si peu civilisés nous-mêmes, et que l'infâme cupidité du trafic ne fait que substituer de nouvelles causes de destruction aux effets des rivalités et des luttes de tribu à tribu. Les empiétements de la chasse sur les territoires giboyeux de ces tribus respectives sont des causes de guerre rendues toujours plus fréquentes à mesure que les tribus sont refoulées les unes sur les autres par les conquêtes du défrichement. L'appât du gain est une autre source de dévastation. Les Indiens ont appris à échanger leurs pelleteries contre nos produits, et telle tribu, voisine des établissements civilisés, détruit aujourd'hui en trois jours plus de daims et de bisons pour le commerce qu'elle n'en tuait jadis en un an pour sa consommation. Quelle sera l'issue de cette lutte d'extermination où les premiers progrès du sauvage sont l'intempérance, c'est-à-dire un vaste système d'empoisonnement, l'usage d'instruments plus meurtriers que ceux de ses pères, et la destruction du gibier, son unique ressource ? La catastrophe qui les précipite est effroyable à prévoir, et quand on songe que les libertés tant vantées des États-Unis, et l'absence de misère et d'abjection, qui rendent en apparence la société anglo-américaine si supérieure à la nôtre, ne reposent que sur l'extinction fatale des habitants primitifs, n'est-on pas attristé profondément de cette loi monstrueuse de la conquête, qui préside depuis le commencement du monde au destin des races humaines ?

Entre la nécessité de périr de misère et celle de s'initier à notre imparfaite civilisation, plusieurs chefs ont donc opté pour le dernier parti, et chaque jour la question qui s'agite entre les principaux conducteurs de tribus est celle-ci : Rester sous la tente et vivre au jour le jour, tant bien que mal, de conquêtes sur les voisins et les bêtes sauvages, ou bien faire des briques, bâtir des maisons, permettre que les enfants apprennent à lire, cultiver les terres et faire des traités de paix avec les tribus environnantes. Les jeunes gens doivent naturellement protéger les idées nouvelles, les vieillards tenir pour anciennes, et, j'avoue que, pour mon compte, je trouve que la poésie est de ce côté-là. Mais il est bien question de poésie par le temps qui court !

Pour ne citer qu'un exemple de ces luttes entre l'ancien et le nouveau principe, je te raconterai l'histoire de *Mlou-hu-shi-Kaou,* c'est-à-dire le *Nuage-Blanc,* chef de la tribu des Ioways, peuplade qui habite les plaines du Haut-Missouri, au pied des Montagnes Rocheuses. Son père était un fameux guerrier qui avait fait furieusement la guerre à ses voisins, mais qui, pourtant, s'était prononcé pour la religion et la civilisation des blancs. Il périt victime d'une conspiration pour avoir voulu punir certains guerriers de sa nation, coupables d'avoir massacré traîtreusement des voisins inoffensifs. Le *Nuage-Blanc* ne pleura pas publiquement la mort de son père avec les cérémonies d'usage. Il cacha sa douleur et fit le serment de vengeance. En effet, il tua six de ces assassins en diverses rencontres, et il les eût tués tous, si la tribu effrayée n'eût pris le parti de l'élire pour chef. La royauté n'est pas héréditaire chez les Ioways, et une des lois principales imposées à l'élu de la tribu le somme de renoncer à toute vengeance personnelle. Le *Nuage-Blanc* refusa longtemps, et quand il se vit forcé d'accepter le commandement, il laissa éclater sa douleur, fit faire de solennelles funérailles à son père, et s'enferma pendant un mois sous sa tente, sans permettre à personne d'en approcher. Ce jeune homme, d'une noble et belle figure et d'un caractère froid et mélancolique, renonça dès lors aux terribles pensées qui l'avaient agité.

Plongé dans de pénibles et sérieuses réflexions, il *enterra le tomahawk* de la guerre, et se fit honneur d'être proclamé chef pacifique. Il voyait diminuer sa tribu de jour en jour, et la petite vérole vint tout à coup la réduire des deux tiers ; c'est-à-dire que de six mille sujets il ne lui en resta que deux mille. A ces causes de douleur vint s'en joindre une que nous trouverions puérile, mais qui est grave dans les idées d'un Indien. Une taie s'étendit sur un de ses yeux, et l'effroi de perdre la vue, joint à la honte qu'une disgrâce physique imprime au front d'un guerrier et d'un chef, lui suggéra le dessein d'aller chez les blancs, autant dans l'espoir de se faire guérir de son mal que dans celui de compenser son infirmité par le prestige qui s'attache aux hommes qui ont voyagé, « qui ont beaucoup vu,

Et partant, beaucoup retenu. .

Il confia son gouvernement à son oncle, et partit pour Washington, où sa guérison fut jugée impossible, mais où il conçut le désir de civiliser complétement sa tribu. Ce n'était pas chose aisée. De retour chez lui, il rencontra beaucoup d'opposition parmi les siens. Une partie des chefs secondait son projet, le reste résistait. Alors fut prise une de ces décisions dont l'analogue ne se retrouverait pas dans notre civilisation moderne, mais qui est tout à fait conforme au génie des sociétés antiques. Il fut résolu que le *Nuage-Blanc*, accompagné de sa famille et des principaux sages et guerriers de sa tribu, partirait pour visiter les établissements des blancs de l'autre côté du grand lac salé (l'Océan), qu'ils voyageraient aussi loin et aussi longtemps qu'ils pourraient, et qu'à leur retour, s'ils attestaient que la civilisation des blancs était partout supérieure à celle des Peaux Rouges, s'ils rapportaient beaucoup de présents, s'ils pouvaient dire qu'ils avaient eu à se louer de leur épreuve et persistaient enfin dans leur opinion, on bâtirait des maisons, on maintiendrait le système de paix avec les voisins, on commencerait à cultiver, et on donnerait l'éducation des blancs aux enfants. Que la tribu et le chef lui-même se fissent une idée de la largeur de l'Océan, de l'étendue de la terre et des nécessités de la vie chez nous, je ne le pense pas, autrement ce projet formidable les eût fait reculer. Mais gagnés par les promesses des missionnaires catholiques, naïfs, confiants et curieux comme des hommes primitifs, ils ratifièrent le contrat, et le *Nuage-Blanc* se mit en route avec sa famille, son sorcier, son orateur et ses amis, pour la capitale des Etats-Unis, et de là pour l'Europe, certains qu'à leur retour ils seraient l'objet d'une vénération fanatique, et pourraient exercer une domination incontestée. Ce ne fut pas sans motif que le *Nuage-Blanc* fit choix des plus illustres personnages pour l'accompagner ; les Indiens qui n'ont jamais franchi le désert ne croient point aux merveilles de la civilisation, et regardent tout ce qu'on leur raconte de notre bien-être et de notre industrie comme autant de contes fantastiques pour les gagner et les tromper. En 1832, *Oui-Djen-Djone* (*la Tête de l'œuf de pigeon*), un des guerriers les plus distingués des *As-sin-ni-boins* (*ceux qui font bouillir la pierre*), avait été emmené à Washington par le major Sanford. Il était parti vêtu de peaux de buffles, de plumes d'aigles et de chevelures humaines ; il revint au désert avec un pantalon de drap, une redingote, un chapeau de castor sur la tête, un éventail à la main. Mais là se borna son triomphe. Après avoir curieusement examiné sa toilette, ses compatriotes l'interrogèrent, déclarèrent ses récits incroyables, le condamnèrent comme menteur, et le luèrent solennellement. Pour éviter un destin semblable, le Nuage-Blanc s'est fait accompagner de dix personnes

dignes de foi, lesquelles, avec deux enfants, forment une colonie de douze Indiens ioways actuellement à Paris, et avec lesquels j'ai eu l'honneur de causer intimement, comme je le raconterai plus tard.

Je poursuis le récit de l'expédition de ces nouveaux Argonautes. Arrivés à Washington, ils trouvèrent des difficultés qu'ils n'avaient sans doute pas prévues. D'une part, il fallait de l'argent pour entreprendre leur tour du monde, et ils n'avaient pour toute liste civile que leurs colliers de *wampun*, précieux coquillages qui représentent chez eux la monnaie, et que chaque guerrier porte autour de son cou. De l'autre, le gouvernement des Etats-Unis s'opposait à leur départ pour l'Europe. Depuis la triste fin des Osages, morts chez nous de tristesse et de misère, l'autorité protectrice des Indiens, sachant le mauvais effet que produit le récit de semblables déceptions, leur refuse la permission de s'expatrier. Il fallait donc aux nobles aventuriers ce que, dans notre langue et nos usages prosaïques, nous sommes forcés d'appeler un entrepreneur. Il s'en présenta un qui prit sur lui les frais considérables du voyage, et déposa pour les ioways une caution de 300,000 francs entre les mains du gouvernement américain.

Nos idées répugnent à cette exploitation de l'homme, et le premier mouvement du public parisien a été de s'indigner qu'un roi et sa cour, exécutant leurs danses sacrées, nous fussent exhibés sur des tréteaux pour la somme de 2 francs par tête de spectateur. Quelques-uns révoquent en doute le caractère illustre de ces curiosités vivantes exposées à nos regards ; d'autres pensent qu'on les trompe, et qu'ils ne se rendent pas compte du préjugé dégradant attaché parmi nous à leur rôle ; car les explications nécessaires qui accompagnent leur exhibition lui donnent, en apparence, quelque analogie avec celle des animaux sauvages ou des figures de cire.

Cependant il n'est rien de plus certain que la bonne foi qui a présidé aux engagements réciproques de ces Indiens et de leur guide ; et si nous pouvons faire un effort pour nous dégager de nos habitudes et de nos préjugés, nous reconnaîtrons que la pensée qui dirige le Nuage-Blanc et ses compagnons est de tout point conforme à celle qui poussait les anciens héros, les aventuriers des temps fabuleux, à voyager et à s'instruire aux frais des populations qui les accueillaient, et qui faisaient avec eux un naïf échange de connaissances élémentaires et de présents en rapport avec les mœurs du temps et des pays. A coup sûr ce moderne Jason n'apprécie point nos préjugés à l'endroit de l'exhibition publique, et ses compatriotes n'y comprendront jamais rien. Il vient, il se montre, il nous voit et il est vu de nous. Il étale son plus beau costume, il enlumine sa face de son plus précieux vermillon, il s'assied, comme un prince qu'il est, parmi ses fiers acolytes, il fume gravement sa pipe, il fait adresser par la bouche de son vénérable orateur un discours affectueux et noble au public, il rend grâces au *grand esprit* de l'avoir conduit sain et sauf parmi les blancs, qu'il estime et qu'il admire, il les recommande au ciel, ainsi que lui et les siens ; puis sur l'invitation de l'interprète, qui lui exprime le désir des blancs d'assister à ce qu'il y a de plus respectable et de plus beau dans les fêtes de sa nation, il commande la danse de guerre, ou celle encore plus auguste du calumet. Il prend lui-même le tambourin ou le grelot, il s'accompagne, de sa voix douce et gutturale, le chant de ses compagnons. Les terribles guerriers, le gracieux enfant et les femmes graves et chastes sautent en rond autour de lui. Lui-même, quelquefois, saisi d'enthousiasme au milieu de ces rites sacrés qui lui rappellent la gloire de ses pères et les affections de sa patrie, il se lève et s'élance parmi eux. Malgré son œil voilé et la mélancolie de son sourire, il est beau, il est noble, et le souvenir de sa destinée triste et courageuse attire les sympathies de ce public, qui est bon aussi, et qui bientôt passe de la terreur à l'attendrissement. Quand ils ont assez dansé à leur gré, car personne ne les commande, et ils se refuseraient à toute exigence que leur interprète ne leur soumettrait pas en termes affectueux et mesurés, ils s'approchent du public, et s'asseyent gravement devant lui. Les artistes s'approchent aussi pour admirer la beauté de leurs formes et la noblesse de leurs traits. Les bonnes âmes, jalouses de faire l'aumône respectueuse d'un peu de plaisir à ces pauvres exilés, leur offrent de petits présents qu'ils reçoivent avec dignité, et sans la moindre jalousie apparente entre eux. Puis on invite le public à les applaudir pour les remercier de leur obligeance, et ces applaudissements, seul langage qu'ils puissent comprendre de nous, ne leur sont pas refusés. On leur tend la main. Les femmes, effrayées d'abord de leur aspect terrible et de l'expression farouche que la danse guerrière donnait à leurs traits, s'enhardissent en voyant leur air naïf, fièrement timide, et ce mélange de tristesse et de confiance qui les rend si touchants. Ils saluent et serrent vigoureusement les mains qui leur sont tendues. Sont-ce là des saltimbanques auxquels on a jeté une obole, et qu'on peut siffler? Je ne le conseillerais pas aux spectateurs. Armés de leurs lances acérées et de leurs tomahawks redoutables, qu'ils manient avec tant de grâce et de vigueur, et qu'ils font briller, en dansant, sur la tête des spectateurs, ils pourraient bien comprendre l'insulte, et nous montrer qu'on peut admirer la crinière du lion et caresser la robe du tigre, mais qu'il ne faut pas jouer avec les fils du désert comme nous jouons quelquefois si cruellement avec notre semblable. Savent-ils qu'on a acheté ce droit à la porte en entrant? A coup sûr ils l'ignorent, et s'ils savent qu'on paie, leur sainte naïveté considère ce tribut comme un présent en nature, témoignage de l'hospitalité des blancs. Maintenant l'entrepreneur est-il si coupable envers eux, de les traiter conformément à leurs idées, bien qu'elles soient contraires aux nôtres? Je ne le crois pas, puisqu'ils sont contents, puisqu'ils sont libres, puisqu'il les associe à des profits qui seuls les mettront à même de se construire ces maisons de briques qu'ils rêvent, et de peupler de taureaux et de brebis ces immenses prairies d'où le daim et le bison s'éloignent; puisque leur contrat engage l'entrepreneur à les ramener chez eux dès qu'ils le voudront, à partir demain, ce soir, pour l'Amérique, si le mal du pays s'empare d'eux; puisque enfin l'autorisation que M. Mélody a reçue de son gouvernement est fondée en termes exprès sur son caractère éprouvé de moralité, et sur la certitude que donne ce caractère, du traitement paternel réservé aux Indiens voyageurs.

Il est bien vrai pourtant que souvent ils ont de la tristesse et un violent désir de retourner dans leurs solitudes; mais l'assurance que rien ne les retient malgré eux leur donne le courage de persévérer le temps nécessaire. Dans leurs moments de loisir, ils reçoivent des visites et se font expliquer par Jeffrey, l'intelligent interprète qui ne les quitte jamais, tout ce qu'ils voient et entendent. Tous les jours M. Wattemare fils consacre deux heures à leur faire un cours d'histoire élémentaire, et il m'a assuré qu'ils l'écoutaient toujours avec intelligence, souvent avec enthousiasme. Le récit des guerres fameuses les passionne; ils commencent à en comprendre les causes et les résultats; mais je t'avoue qu'ils ne sont pas encore assez philosophes pour avoir conçu quelque chose de plus grand et de plus beau que l'histoire de Napoléon. C'est déjà beaucoup pour des sauvages, mais probablement ce n'est pas assez pour des peuples belliqueux qui sentent la nécessité de renoncer à la guerre.

C'est donc un spectacle bizarre, bien nouveau pour nous autres badauds de Paris, et fait pour passionner nos artistes, que celui que nous pouvons voir deux fois par jour à la salle Valentino. Au premier aspect, j'éprouvai pour mon compte l'émotion la plus violente et la plus pénible que jamais pantomime m'ait causée. Je venais de voir tous les objets effrayants que renferme le musée Catlin, des casse-têtes primitifs auxquels ont succédé maintenant les hachettes de fer fabriquées par les blancs, mais qui, dans le principe, étaient faites d'un gros caillou enchâssé dans un manche de bois; des crânes aplatis et difformes étalés sur une table, dont plusieurs portaient la trace du scalp, des dépouilles sanglantes, des masques

repoussants, des peintures représentant les scènes hideuses de l'initiation aux mystères, des supplices, des tortures, des chasses homériques, des combats meurtriers; enfin, tous les témoignages et toutes les scènes effroyablement dramatiques de la vie sauvage; et surtout ces portraits dont l'accoutrement fantastique est varié à l'infini et fait passer la face humaine par toutes les ressemblances possibles avec les animaux féroces. Quand un bruit de grelots qui semblait annoncer l'approche d'un troupeau m'avertit de courir prendre ma place, j'étais tout disposé à l'épouvante, et lorsque je vis apparaître en chair et en os ces figures peintes, les unes en rouge de sang, comme si on les eût vues à travers la flamme, les autres d'un blanc livide avec des yeux bordés d'écarlate, d'autres grillagées de vert et de jaune, d'autres enfin mi-parties de rouge et de bleu, ou portant sur leur fond naturel couleur de bronze l'empreinte d'une main d'azur, toutes surmontées de plumes d'aigle, et de crinières de crin; ces corps demi-nus, magnifiques modèles de statuaire, mais bariolés aussi de peintures, et chargés de colliers et de bracelets de métal; ces colliers de griffes d'ours qui semblent déchirer la poitrine de ceux qui les portent, ces manteaux de peaux de bisons et de loups blancs avec des queues qui flottent au talon; ces lances qui semblent appartenir à l'homme, ces boucliers et ces lances garnies de chevelures et de dents humaines, la peur me prit, je l'avoue, et l'imagination me transporta au milieu des plus lugubres scènes du *Dernier des Mohicans*. Ce fut bien autre chose quand la musique sauvage donna le signal de la danse guerrière de l'approche. Trois Indiens s'assirent par terre; l'un frappait un tambourin garni de peaux, qui rendait un son mat et lugubre, l'autre agitait une calebasse remplie de graines, le troisième raclait lentement deux morceaux de bois dentelés l'un contre l'autre; puis, des voix gutturales qui semblaient n'avoir rien d'humain, entonnèrent un grognement sourd et cadencé, et un guerrier, qui me semble gigantesque sous son accoutrement terrible, s'élança, agitant tour à tour sa lance, son arc, son casse-tête, son fouet, son bouclier, son aigrette, son manteau, enfin tout l'attirail échevelé et compliqué du costume de guerre. Les autres le suivirent; ceux qui jetèrent leurs manteaux et montrèrent leurs poitrines haletantes et leurs bras souples comme les serpents, furent plus effrayants encore. Une sorte de rage délirante semblait les transporter; des cris rauques, des aboiements, des rugissements, des sifflements aigus, et ce cri de guerre que l'Indien pousse en mettant ses doigts sur ses lèvres, et qui, répété au loin dans les déserts, glace d'effroi le voyageur égaré, interrompaient le chant, se pressaient et se confondaient dans un concert infernal. Une sueur froide me gagna, je crus que j'allais assister à une opération réelle du scalp sur quelque ennemi renversé, ou à quelque scène de torture plus horrible encore. Je ne voyais plus, de tout ce qui était devant moi, que les redoutables acteurs, et mon cerveau les plaçait dans leur véritable cadre, sous des arbres antiques, à la lueur d'un feu qui allait consumer la chair des victimes, loin de tout secours humain; car ce n'étaient plus des hommes que je voyais, mais les démons du désert, plus dangereux et plus implacables que les loups et les ours, parmi lesquels j'aurais volontiers cherché un refuge. L'insouciant public parisien, qui s'amuse avant de s'étonner, riait autour de moi, et ces rires me semblaient ceux des esprits de ténèbres. Je ne revins à la raison que lorsque la danse cessa et que les Indiens reprirent, comme par miracle, cette expression de bonhomie et de cordialité qui en fait des hommes en apparence meilleurs que nous. Malgré sa gaieté, le public avait, je pense, un peu passé par les mêmes émotions que moi; car, à l'empressement qu'il mettait à serrer la main des *scalpeurs*, on eût dit qu'il cherchait à se familiariser avec des objets de terreur, mais qu'il ne demandait pas mieux que de s'assurer des rapports de bonne intelligence avec messieurs les sauvages. Je fis comme le public, c'est-à-dire que je me rassurai au point de vouloir lier connaissance avec la tribu, et même j'osai pénétrer dans leur intérieur avec mes enfants, sans trop de crainte de les voir dévorer. Cette visite sera la seconde partie de mon voyage et le sujet d'une seconde lettre.

DEUXIÈME LETTRE À UN AMI.

Je trouvai le *Nuage-Blanc* dans une petite chambre, au second, entièrement démeublée, car les Indiens ont encore un profond mépris pour la plupart de nos aises, et la première fois qu'on leur donna des lits, on les trouva couchés dessous, le lendemain matin. Leurs lits, à eux, sont des fourrures étendues par terre, et le chef, assis à la turque sur sa peau d'ours, avait à son côté sa femme et sa fille *Sagesse*, âgée de deux ans et demi, baptisée comme père et mère, et encore allaitée selon l'usage de son pays. Ce chef est, comme beaucoup d'Indiens convertis, un chrétien *non pratiquant*, c'est-à-dire qu'il a, outre le baptême, trois autres femmes dans son pays.

Un de ses fils est au collège en Angleterre ou aux États-Unis.

Il me fit un singulier signe de tête, sans se déranger, et lorsque j'étalai devant lui une pièce de drap rouge, le don le plus précieux qu'on puisse faire à un chef indien, il daigna sourire et me tendre la main. La femme parut plus émue de la magnificence de mon offrande et laissa échapper une exclamation; puis, sur-le-champ, elle enveloppa son enfant dans ce morceau d'étoffe, pour me montrer qu'elle en faisait cas, et voulait bien l'accepter. A peine eut-elle reçu le collier que je lui destinais, qu'elle le désenfila pour regarder curieusement chaque perle, et le monarque barbare, ne pouvant résister au même désir, ne cessa de rouler ces verroteries entre ses doigts et de les examiner, malgré la gravité de la conférence qui suivit et la part qu'il voulut bien y prendre.

Je distribuai un présent à chaque Indien, et chacun s'en para pour me donner signe d'approbation.

Les noms des hommes sont : le *Grand-Marcheur* et *Marche-en-avant*, deux jeunes guerriers également beaux de formes, mais de physionomie très-différente, car l'un paraît doux et enjoué comme un enfant, et l'autre a une terrible expression de rudesse et de férocité; ensuite le docteur sorcier, appelé les *Pieds garnis d'ampoules;* puis la *Pluie qui marche*, avec son fils, un enfant de onze ans, beau comme le petit Ajax; enfin le *Petit-Loup* et les femmes. Je te parlerai de chacun en particulier.

Le plus docte, le plus sage et le plus éloquent de ces illustres seigneurs, est certainement la *Pluie qui marche*. En même temps qu'orateur de la tribu, il est chef de guerre, comme qui dirait ministre de la guerre du *Nuage-Blanc*, qui est *chef de paix* ou *chef de village*, c'est-à-dire souverain. La *Pluie qui marche* a fait trente campagnes, et dans six particulièrement il s'est couvert de gloire. On le soupçonne, ainsi que le docteur, d'avoir coopéré au meurtre de *Nuage-Blanc* père. Il a été un des plus actifs pour faire élire *Nuage-Blanc* fils, et, par là, il s'est mis à l'abri de sa vengeance.

Il n'y a entre eux aucune apparence de haine. Qui peut dire cependant quels drames inaperçus se passent dans l'esprit et dans l'intérieur domestique de ces exilés?

La *Pluie qui marche* est un homme de cinquante-six ans, d'une très-haute taille, et d'une gravité majestueuse. Il ne sourit jamais en pérorant et, tandis que la physionomie douloureuse du *Nuage-Blanc* fait quelquefois cet effort par générosité, celle du vieillard reste toujours impassible et réfléchie. Sa face est large et accentuée, mais n'offre aucune autre différence de lignes avec la nôtre que le renflement des muscles du cou, au-dessous de l'angle de la mâchoire. Ce trait distinctif de la race lui donne un air de famille avec la race féline.

Ce trait disparaît même presque entièrement chez *le docteur*, qui est agréable et fin, suivant toutes nos idées sur la physiognomonie. Quoiqu'il ait soixante ans, ses bras sont encore d'une rondeur et d'une beauté dignes de la statuaire grecque, et son buste est le mieux modelé de tous. Son agilité et son entrain à la danse attestent une organisation d'élite. Une si verte vieillesse donne quelque regret de n'être pas sauvage, et, lorsque, parmi les spectateurs, on voit tant d'êtres plus jeunes, goutteux ou obèses, on se demande quels sont ceux qu'on montre, des sauvages de Paris ou de ceux du Missouri, comme objets d'étonnement.

Le docteur est un très-bel esprit, à la fois médecin, magicien, jongleur, poëte, devin, et quelque peu orateur. Il porte un collier de graines sacrées et un doigt humain desséché en guise de médaillon, pour conjurer le mauvais œil. Il est, en même temps, le bouffon agréable et le conseil très-sérieux du prince et de la nation. Durant la traversée, un calme plat surprit nos Argonautes sur le navire qui les transportait en Angleterre. Le docteur procéda à ses incantations, au grand plaisir des passagers blancs et au grand respect des Indiens. Deux heures après, le vent qui était tombé depuis trois jours s'éleva, et les Indiens demeurèrent convaincus, comme on peut le croire, de la science infaillible du docteur. Cependant ils jugent apparemment nos médecins encore plus sorciers que les leurs, car ils se font soigner par eux, ici, quand ils sont malades. Il semblerait aussi qu'on ne croit pas celui-là capable d'évoquer le mauvais esprit par vengeance, car le chef ne se fait pas faute de le traiter en petit garçon. Il y a quelques jours, on trouva, vers le soir, notre sorcier assis sur l'escalier, et, comme on l'invitait à s'aller coucher, il secoua la tête et resta là jusqu'au lendemain, puis le lendemain encore, et la nuit suivante, et enfin trois jours et trois nuits sans désemparer, mangeant et dormant sur cet escalier. Il était en pénitence, on n'a pu savoir pour quelle faute; mais on peut se faire, par là, une idée du pouvoir absolu du chef et de la soumission de cet Indien, qui est pourtant de naissance illustre et un guerrier très-distingué lui-même.

Mais le personnage qui a le plus gagné notre amitié, malgré l'amabilité du docteur, malgré la grande sagesse de la *Pluie qui marche* et la beauté de son enfant, malgré la douce tristesse du *Nuage-Blanc*, et la modestie de Sa Majesté la reine, c'est le *Petit-Loup*, ce noble guerrier dont l'apparence herculéenne et les grands traits accentués m'avaient d'abord effrayé, mais qui, revenu auprès de sa femme malade, et le cœur rempli de tristesse à cause de la mort récente de son enfant, m'a paru le plus doux et le meilleur des hommes. Lorsqu'il s'élança le premier pour la danse, à cheval sur son arc (qu'il faisait la pantomime de fouetter avec une lanière de cuir attachée à une corne de bison), mes amis le comparèrent à Diomède. Lorsqu'il reprit le calme de sa physionomie grave et douce, pour accueillir les félicitations du public, nous l'appelâmes le Jupiter des forêts vierges; mais lorsqu'il eut essuyé les couleurs tranchantes qui l'embellissaient singulièrement, et qu'on nous raconta son histoire, nous ne le vîmes plus qu'une noble et honnête figure, caractérisée en courage et en bonté, et nous l'avons alors surnommé *le généreux*, nom qui lui conviendrait beaucoup mieux que celui de *Petit-Loup*, car rien dans sa puissante et douce organisation, n'exprime la férocité ni la ruse. Ce n'est pas qu'il se fasse faute d'enlever un *scalp* à l'ennemi, — c'est un si glorieux trophée de la victoire, que la race indienne périra, je pense, avant d'avoir renoncé à ces horribles insignes, — ni qu'il croie offrir à nos yeux un objet repoussant en nous montrant sa manche garnie, de l'épaule au poignet, de franges de cheveux acquis par le même procédé. C'est l'héritage de ses pères, c'est sa généalogie illustre et sa propre vie de gloire et de combats qu'il porte sur lui. Faute d'histoire et de monuments, l'Indien se revêt ainsi du témoignage de ses exploits. Sur la peau d'ours ou de bison qui le couvre, et dont il porte le poil en dedans, sa femme dessine et peint ses principaux faits et gestes. Ici, un ours percé de sa flèche; à côté, le héros combattant ses ennemis; plus loin, son cheval favori. Ces dessins barbares sont très-remarquables; formés de lignes élémentaires comme celles que nos enfants tracent sur les murs, ils indiquent pourtant quelquefois un sentiment très-élégant de la forme, et en général de la proportion. Le fils de la *Pluie qui marche* annonce beaucoup de dispositions et un goût prononcé pour cet art. Couché à plat ventre, la tête enveloppée de sa couverture comme font les Arabes et les Indiens lorsqu'ils veulent se recueillir, il trace avec un charbon sur le carreau la figure des gens qu'il vient de voir. Nous lui portons des gravures, mais où trouvera-t-il un plus beau modèle que lui-même? Que l'artiste sauvage détourne les yeux de nous et de nos œuvres, et qu'il se regarde dans une glace! Cet enfant de onze ans est un idéal de grâce et d'élégance, et, comme tous les êtres favorisés par la nature, il a l'instinct de sa dignité. Le costume de sa tribu, le cimier grec et la tunique de cuir coupé en lanières, ou simplement la longue ceinture de crins blancs, sa couleur, son buste nu, délicat et noble, le charme de ses attitudes et le sérieux de ses traits, en font un bronze antique digne de Phidias.

Mais, à travers ces digressions involontaires, revenons à notre héros le *Petit-Loup*, ou pour mieux dire *le Généreux*.

Le *Petit-Loup* reçut une médaille d'honneur de l'intendant supérieur des affaires indiennes, M. Harwey, qui s'exprime ainsi en le recommandant au président des États-Unis, John Tyler : « Les médailles accordées « par le gouvernement sont fort estimées des Indiens... « et j'en ai donné une au *Petit-Loup*. En la rece- « vant, il s'est écrié, avec beaucoup de délicatesse, « qu'il ne méritait aucune récompense, parce qu'il n'avait « fait que son devoir; mais qu'il était heureux que sa « conduite eût mérité l'approbation de sa nation et de « son père. »

Lorsque le *Petit-Loup*, reçu aux Tuileries avec ses compagnons, interrompit la danse , suivant l'usage indien, pour raconter ses exploits, il adressa ces paroles à Louis-Philippe : « Mon grand-père, vous m'avez entendu « dire qu'avec ce tomahawk j'ai tué un guerrier pawnie, « un des ennemis de ma tribu. Le tranchant de ma hache « est encore couvert de son sang. Ce fouet est celui dont « je me servis pour frapper mon cheval en cette occa- « sion. Depuis que je suis parmi les blancs, j'ai la con- « viction que la paix vaut mieux pour nous que la « guerre. *J'enterre le tomahawk* entre vos mains, je ne « combattrai plus. »

Je terminerai l'histoire du *Petit-Loup* par un détail emprunté, ainsi que les précédents, à une très-exacte et très-intéressante notice de M. Wattemare fils.

« Ce que, dans sa modestie, le Petit-Loup n'avait pas dit au roi, c'est que le jour du combat dont il faisait mention, son cheval, jeune poulain plein de feu et d'ardeur, l'avait emporté loin des siens, au milieu d'un groupe de *Pawnies*. Trois cavaliers font volte-face, mais, effrayés par l'aspect terrible du *Petit-Loup* , qui se précipitait sur eux en poussant son cri de guerre, deux d'entre eux laissent tomber leurs armes. Le guerrier, dédaignant de frapper à mort des ennemis désarmés, se contenta de les cingler vigoureusement du fouet qu'il tenait de la main gauche; puis, se tournant vers le *Pawnie* armé, il esquiva adroitement un coup de lance que celui-ci lui portait, lui cassa la tête d'un coup de tomahawk, et, sautant à bas de son cheval, il prit le *scalp*. Remontant aussitôt sur l'intelligent animal, qui semblait attendre que son maître eût conquis le trophée de sa victoire, le *Petit-Loup* retourna tranquillement auprès des siens, après avoir jeté un cri de provocation aux Pawnies. »

Cela ne ressemble-t-il pas à un épisode de l'*Iliade*?

Mais ce héros indien semble résumer en lui seul toute l'antique poésie de sa race, et, tandis que l'amour ne joue qu'un rôle secondaire dans la vie d'un Indien moderne, celui-ci a dans la sienne un roman d'amour. Prisonnier pendant deux ans chez les Sawks , il apprit rapidement la langue de cette tribu ennemie, et se fit aimer d'une jeune fille, douce et jolie, qu'il enleva en s'échappant. Par quels périls, quelles fatigues et quelles épreuves ils passèrent dans cette fuite, avant de rejoindre les tentes des Ioways, on peut l'imaginer et voir là tout

un poëme. Enfin, il installa sa jeune épouse, l'*Aigle-femelle de guerre qui plane*, dans son wigwam, et lui voua une affection exclusive, exemple bien rare dans ces mœurs libres. Il eut d'elle trois enfants qu'il a tous perdus, le dernier en Angleterre, il y a peu de mois. A chacune de ces douleurs, ressenties avec toute l'amertume ordinaire aux Indiens, il se fit une profonde incision dans les chairs de la cuisse, pour apaiser la sévérité du manitou , et témoigner sa tendresse aux chers êtres qui l'avaient quitté. Lors de la mort de ce dernier enfant, il tint pendant quarante-huit heures le petit cadavre entre ses bras, sans vouloir s'en séparer. Il avait entendu dire que la dépouille des blancs était traitée sans respect, et l'idée que le corps de sa chère progéniture pourrait bien devenir la proie d'un carabin lui était insupportable. On ne put le calmer qu'en embaumant l'enfant et en le plaçant dans un cercueil de bois de cèdre. Il consentit alors à se fier à la parole d'un quaker qui, partant pour l'Amérique, se chargea de le reporter dans sa tribu, afin qu'il pût dormir avec les ossements de ses pères. Depuis cette époque , la pauvre compagne du *Petit-Loup* n'a cessé de pleurer et de jeûner , si bien qu'elle est tombée dans une maladie de langueur qui fait craindre pour ses jours. Nous la vîmes étendue sur sa natte, jolie encore, mais livide. Le noble guerrier, assis à ses pieds, place qu'il ne quitte que pour paraître devant le public, lui prodiguait les plus tendres soins. Il lui caressait la tête comme un père caresse celle de son enfant, et s'empressait de lui remettre tous les présents qu'il recevait, heureux quand il l'avait fait sourire. Une telle délicatesse d'affection pour une *squaw* est bien rare chez un Indien, et rappelle le poëme d'Atala et de Chactas. Le baron d'Ekstein, frappé, m'a-t-on dit, de ce rapprochement, a raconté au *Petit-Loup* l'histoire des deux amants, et le guerrier, souriant à travers sa douleur, lui a répondu : « Je suis content de vous rappeler cela. Je sais que quand on a entendu raconter une histoire, et qu'on voit ensuite quelque chose de semblable, on éprouve du contentement. Vous nous voyez dans le malheur et la peine , et pourtant je suis satisfait que ma peine vous soit profitable , en vous rappelant une belle histoire. »

Voilà du moins ce que m'a rapporté une personne présente à cette scène. Quant à moi , j'ai trouvé aussi un peu de poésie au chevet de cette Atala nouvelle. Je tenais à la main une fleur de cyclamen , qui fixa ses regards , et que je me hâtai de lui offrir. Elle la prit et me disant qu'il y avait, dans *la prairie*, des espaces tels qu'un homme pouvait marcher plusieurs jours et plusieurs nuits au milieu de ces fleurs, et qu'elles lui montaient jusqu'au genou. Je m'élançai par le désir au milieu de ces prairies naturelles embaumées de la gracieuse fleur que nous cultivons ici en serre chaude, et qui, même dans les Alpes, n'atteint pas une stature de plus de six pouces. Pendant ce temps la femme du sauvage s'y reportait par le souvenir. Elle respirait la fleur avec délices, et elle la conserva sous ses narines, en disant qu'elle se croyait dans son pays.

J'ignore par quel hasard, c'est la seconde fois que le parfum de cette fleur charmante conduit mes rêves au sein des déserts de l'Amérique. La première fois que je la vis croître libre et sans culture, ce fut par une douce matinée d'avril, au pied des montagnes du Tyrol, sur les rochers qui encadrent le cours de la Brenta. Accablé de fatigue , je m'étais endormi sur le gazon semé de cyclamens. J'eus un songe qui me transporta dans les contrées que me décrivait hier la jeune sauvage en recevant de moi une de ces fleurs. Dans mon rêve, j'ai vu la nature plus grandiose et plus féconde encore que celle déjà si féconde et si grandiose où je me trouvais alors. Les plantes y étaient gigantesques, et je crois même que j'ai remarqué des cyclamens hauts d'une coudée, qui semblaient voltiger comme des papillons sur les hautes herbes du désert. Je sais bien que quand je m'éveillai je trouvai les Alpes petites, et j'aurais méprisé mon doux oreiller de *panporcini* (c'est ainsi qu'on appelle le cyclamen dans ces contrées), n'eût été qu'il m'embaumait. Son petit nectaire semblait secouer des flots de parfums, pour me prouver que les petits et les humbles ne sont pas toujours le moins favorisés du ciel.

Mais me voici encore perdu dans une digression d'où j'aurai bien de la peine à revenir habilement au sujet de ma lettre. Habitué à de semblables distractions, tu ne me tiendras pas rigueur, et tu consentiras à être ramené sans transition au chevet de l'*Aigle-femelle*. Cette pauvre mère désolée a un nouveau sujet de mélancolie dans son ignorance de la langue ioway, qu'elle n'a jamais pu apprendre. Son mari, qui a si facilement appris la langue des Sawks durant sa captivité, est le seul être avec lequel elle puisse échanger ses pensées, et il semble qu'il veuille lui épargner cette solitude de l'âme en ne la quittant pas, et en l'entretenant sans cesse dans le langage de ses pères.

Pour achever ma galerie de portraits, je te parlerai en bloc des trois autres femmes, et en cela je me conformerai à la notion des Indiens, qui semblent considérer la femme comme un être collectif n'ayant guère d'individualité. Ils admettent la polygamie, comme les Orientaux, dans la mesure de leur fortune. Un chef riche a autant de femmes qu'il en peut entretenir et acheter, car chez eux, comme chez nous, l'hymen est un marché. Seulement il est moins déshonorant pour l'Indien, car, au lieu de vendre sa personne et sa liberté pour une dot, c'est lui qui, par des présents au père de sa fiancée, achète la possession de l'objet préféré. Deux chevaux, quelques livres de poudre et de tabac, quelquefois simplement un habit de fabrique américaine, paient assez magnifiquement la main d'une femme. Dès qu'elle est sous la tente de l'époux, elle devient sa servante comme elle était celle de son père : c'est elle qui cultive le champ de maïs, qui plie et dresse la tente, qui la transporte, à l'aide de ses chiens de trait, d'un campement à l'autre, qui fait cuire la chair, du daim et du bison, enfin qui taille et orne les vêtements de son maître, sans cesser pour cela de porter son marmot bien ficelé sur une planche, et passé à ses épaules avec une courroie comme une valise. Elles vivent entre elles en bonne intelligence, et, dans la tribu des Ioways, on ne les entend presque jamais se quereller. Cependant, il en est de leurs rares disputes comme de celles des hommes ; il faut qu'elles finissent par du sang, et alors elles se battent à coups de couteau, et même de tomahawk. Les hommes ne sont point jaloux d'elles, ou, s'ils le sont parfois, ce serait une honte de le faire paraître devant les autres hommes. Ainsi, un époux trahi punit sa femme dans le secret du ménage, mais il mange, chasse et chante avec son rival sans jamais lui témoigner ni haine ni ressentiment. Les femmes ioways portent leurs longs cheveux tressés tombant sur le dos, et séparés du front à la nuque par une large raie de vermillon qu'on prendrait de loin pour un ruisseau de sang produit par un coup de hache. Il faut que, dans tous les ajustements de l'Indien, le terrible se mêle à la coquetterie. Elles se peignent aussi la figure avec du vermillon, et leurs vêtements, composés de pantalons et de robes de peaux frangées de petites lanières, que recouvre un manteau de laine, sont d'une chasteté rigoureuse. Ce manteau rouge ou brun, bordé d'une arabesque tranchante, est d'un fort bel effet. Ce n'est en réalité qu'une couverture carrée; mais, lorsqu'elles dansent, elles la serrent étroitement autour de leur corps, en le retenant avec les mains, qui restent cachées : ainsi serrées, et sautant sur place avec une raideur qui n'a rien de disgracieux, tandis qu'une hache ou un calumet richement orné est fixé dans leur main droite, elles rappellent les figures étrusques des vases ou les hiéroglyphes des papyrus. Leur unique talent est de peindre et de broder des mocassins avec des perles, et les vêtements de peau avec des soies de porc-épic. Elles excellent dans ce dernier art par le goût des dessins, l'heureux assemblage des couleurs et la solidité du travail. Leurs physionomies sont douces et modestes. La tendresse maternelle est très-développée chez elles; mais en cela elles ne surpassent peut-être pas les hommes, comme les femmes le font chez nous. Le père indien est un être aussi tendre, aussi dévoué, aussi attentif, aussi passionné pour sa progéniture que la mère. Ces sauvages ont du bon, il faut en convenir. Quoi qu'on en dise, nous leur ôtons peut-être plus de vertus que de vices en nous mêlant de leur éducation.

Les noms des *sqaws* sont ici aussi étranges et aussi pittoresques que ceux de leurs époux : c'est le *Pigeon qui se rengorge*, le *Pigeon qui vole*, l'*Ourse qui marche sur le dos d'une autre*, etc.

Maintenant que tu connais toutes ces figures, je te traduirai les discours. Le grand orateur, la *Pluie qui marche*, s'assit en face de moi avec solennité, car la parole est une solennité chez les Indiens. Leur esprit rêveur est inactif la plupart du temps. Leur langue est restreinte et incomplète comme leurs idées. Ils ne connaissent pas le babil, et peu la conversation. Ils échangent quelques paroles concises pour se faire part de leurs volontés ou de leurs impressions, et quand, au siècle dernier, on faisait chanter au *Huron*, dans un opéra-comique très-goûté,

> Messieurs, messieurs, en Huronie,
> Chacun parle à son tour,

on était tout à fait dans le vrai. Dans les occasions importantes, chaque chef fait un discours, et durât-il trois heures, jamais il ne serait interrompu; encore, pour faire ce discours, faut-il être réputé un homme habile dans l'art de parler. Que penseraient nos Indiens s'ils assistaient à nos séances législatives?

La *Pluie qui marche* me parla donc ainsi :

« Je suis content de te voir. On nous a parlé de toi, « nous avons compris *que tu avais beaucoup d'amis*, « et nous t'estimons pour cela. Tu nous a fait des pré-« sents sans nous connaître, nous t'en savons gré. Chez « nous, l'usage est de faire des présents à tous ceux que « nous allons voir ; nous porterons les tiens dans notre « pays, ainsi que tous ceux qu'on nous a faits. Nous « mettrons à part ceux qu'on nous a faits en Amérique, « ceux qu'on nous a faits en Irlande, ceux qu'on nous a « faits en Écosse, ceux qu'on nous a faits en Angleterre, « ceux qu'on nous a faits en France, pour faire voir à « nos amis comme nous avons été reçus chez les blancs. « Nous n'avons pas de maisons, nous n'avons pas de « livres, ces présents seront notre histoire. »

Pendant qu'il parlait, il gesticulait sans cesse, avec lenteur et précision, énumérant sur ses doigts les contrées qu'il avait parcourues, montrant le ciel quand il parlait de son pays.

Quand je l'eus remercié de son compliment, il fit signe qu'il avait à parler encore, et recommença à pérorer d'une voix gutturale et en remuant toujours les bras et les mains.

« Nous rendons grâces au *grand esprit* qui nous per-« met de nous trouver parmi les Français nos anciens « amis et nos anciens alliés. Nous les trouvons plus « aimables et plus affectueux que les Anglais. Quand « j'étais un petit enfant, mon père m'avait emmené dans « les établissements des Anglais, en Amérique. Ils nous « faisaient beaucoup de présents et nous avions part à « beaucoup de butin. Aussi nous pensions que les Anglais « étaient les meilleurs parmi les blancs. Mais nous avons « bien compris, depuis, qu'ils ne voulaient que nous « tromper et nous tuer tous avec l'eau de feu. *Comment* « *nous donneraient-ils la richesse, eux qui, dans leur* « *pays, ont des hommes qui meurent de faim?* Depuis « que j'ai vu cela, mes yeux se sont ouverts comme s'ils « voyaient pour la première fois la lumière du jour. Nous « n'avons eu que du malheur en Angleterre. Nous y avons « perdu un de nos frères et un de nos enfants. Heureuse-« ment, en France, nous nous portons bien et nous espé-« rons en sortir tous vivants pour retourner dans notre « pays où nous raconterons tout ce que nous avons vu et « où nos enfants l'apprendront à leurs enfants. »

Nous regardâmes le *Petit-Loup*. Ses yeux s'étaient remplis de larmes au souvenir de la perte de son enfant, et sa figure, si effrayante dans la danse du *scalp*, exprimait la plus profonde sensibilité.

Les autres approuvèrent le discours de la *Pluie qui marche* par une courte exclamation, et le docteur, prenant la parole, déclara qu'il avait entendu avec satisfaction ce qu'avait dit l'orateur; qu'il venait le confirmer, et il ajouta, en fin politique qu'il est : « Plus nous resterons « de temps ici, plus nous serons respectés et honorés chez « nous. On nous a fait écrire plusieurs fois de revenir, en « promettant qu'à l'avenir on nous croira. Mais si nous « revenions trop tôt, tout le monde ne serait pas persuadé « que nous avons été bien reçus et que nous nous sommes « trouvés heureux parmi les blancs. D'ailleurs, comme « notre système actuel et la volonté de notre chef le « *Nuage-Blanc* sont de faire cesser les guerres conti- « nuelles qui nous détruisaient, et comme, pendant l'ab- « sence du chef, la tribu ne peut pas et ne doit pas se « battre, nos guerriers s'accoutument à la paix, et nous « aurons moins de peine à l'établir pour toujours. »

Je voulus ensuite faire parler le *Nuage-Blanc*, ce roi mélancolique qui roulait toujours une perle entre ses doigts, et qui, dans ses moments de loisir, fait très-adroitement avec un morceau de bois et des chiffons, des poupées à la manière sauvage, pour sa petite-fille. Je savais aussi que son ambition était d'amasser de quoi doter cette enfant d'un trésor sans prix aux yeux de la famille, à savoir six couverts d'argent. Le contraste de ces goûts puérils du sauvage avec la gravité douce de ce profil aquilin et la fierté de ce costume qui rappelle celui des héros de l'antiquité, m'amusait et m'intéressait au plus haut point. Combien n'aurais-je pas donné de couverts d'argent si c'eût été le moyen de pénétrer dans cette âme, et d'explorer ce monde inconnu que chacun porte en soi, et que personne ne peut clairement se représenter tel qu'il est conçu par son semblable! Combien doit être grande cette différence chez l'homme primitif que l'abîme d'une suprême ignorance sépare de nos idées et de l'histoire de nos générations successives! Comment s'expliquer que cet enfant de trente ans, que j'avais sous les yeux, rêveur, timide et grêle, eût vengé la mort de son père en tuant, de sa propre main, six de ses assassins, et qu'il eût renoncé à cette expiation avec tant de répugnance? Je ne savais de quel côté l'entamer pour faire une percée, ne fût-ce qu'un trou d'aiguille, dans ce poëme mystérieux de sa destinée. Enfin je me décidai à lui demander quel était le premier devoir, non-seulement d'un chef de tribu, mais d'un homme quel qu'il soit, blanc ou rouge.

Je n'obtins qu'une réponse évasive, faite à demi-voix, les yeux baissés, et presque fermés, ce qui est la marque d'une grande dignité de sentiment chez les Indiens. « Nous sommes des gens simples, dit-il; ce n'est pas « dans les bois et dans le désert que nous pouvons ap- « prendre ce que vous lisez dans vos livres. Je vous de- « manderai donc la permission de ne pas continuer ce « discours. »

Je demandai à l'interprète si c'était une manière de m'imposer silence et me faire sentir mon indiscrétion. Le chef répondit que non, et qu'il était prêt à recommencer *un autre discours.*

Je lui demandai alors quel était le plus grand bonheur de l'homme. Sa réponse fut toute personnelle, mais douloureuse et poétique. Faisant allusion à la taie qui couvre un de ses yeux, il dit : « Le plus grand bonheur d'un « homme, c'est de voir la lumière du soleil. Depuis que « j'ai perdu la moitié de ma vue, je comprends que ma « vue était ce que j'ai possédé de plus précieux. Si je « perds l'autre œil, il faudra que je meure. »

Je ne voulus pas aller plus loin de peur de l'attrister davantage, et la conversation devint plus générale. Les jeunes gens assis par terre s'égayèrent un peu avec nous.

Le *Grand-Marcheur*, celui qui a la figure d'un tigre et le torse d'Hercule, se mit à jouer avec la poupée de l'enfant du chef; nous lui passâmes un crayon pour qu'il fît une figure au morceau de bois qui représentait le visage. Il lui barbouilla la place du menton, en disant que, puisque cet enfant était né chez les blancs, il lui fallait de la barbe.

Je lui demandai à quoi on passait son temps sous le wigwam, les jours de pluie. Il m'expliqua qu'on faisait d'abord un fossé autour du wigwam pour empêcher les eaux d'y pénétrer, puis qu'on s'enfermait bien et que les femmes se mettaient à travailler.

— Et les hommes à ne rien faire?

— Nous sommes assis en rond comme nous voilà et nous faisons ce que nous faisons ici.

— Vous parlez?

— Pas beaucoup.

— Et vous ne vous ennuyez pas?

Le sauvage ne comprit pas ce que je voulais dire. J'aurais dû être persuadé d'avance que là où la réflexion et la méditation n'existent pas, la rêverie est toujours féconde et agréable. L'imagination est si puissante quand la raison ne l'enchaîne pas!

« Ne vous étonnez pas de leur sérénité, nous disait, en sortant, le voyageur qui connaît et comprend l'Amérique. J'ai vu, là-bas, cent exemples de gens civilisés qui se sont faits sauvages; je n'en ai pas vu un seul du contraire. Cette vie libre de soucis, de prévoyance et de travail, excitée seulement par les enivrantes émotions de la chasse et de la guerre, est si attrayante, qu'elle tente tous les blancs lorsqu'ils la contemplent de près et sans prévention. C'est, après tout, la vie de la nature, et tout ce qu'on a inventé pour satisfaire les besoins n'a servi qu'à les compliquer et les changer en souffrances. Souvent on accueille de jeunes Indiens aux États-Unis et on leur donne notre éducation. Ils la reçoivent fort bien; leur intelligence est rapide et pénétrante; on en peut faire bientôt des avocats et des médecins. Mais au moment de prendre une profession et d'accepter les liens avec notre société, si, par hasard, ils vont consulter et embrasser leurs parents sous le wigwam, s'ils respirent l'air libre de la *prairie*, s'ils sentent passer le fumet du bison, ou s'ils aperçoivent la trace du mocassin de la tribu ennemie, adieu la civilisation et tous ses avantages! Le sauvage retrouve ses jambes agiles, son œil de lynx, son cœur belliqueux. C'est la fable du loup et du chien. »

Nous quittâmes ces beaux Indiens, tout émus et attristés; car, en reprenant le voyage de la vie à travers la civilisation moderne, nous vîmes dans la rue des misérables qui n'avaient plus la force de vivre, des élégants avec des habits d'une hideuse laideur, des figures maniérées, grimaçantes, les unes hébétées par l'amour d'elles-mêmes, les autres ravagées par l'horreur de la destinée. Nous rentrâmes dans nos appartements si bons et si chauds où nous attendaient la goutte, les rhumatismes, et toutes ces infirmités de la vieillesse que le sauvage nu brave et ignore sous sa tente si mal close; et ce mot naïvement profond que m'avait dit l'orateur indien me revint à la mémoire : « *Ils nous promettent la richesse, et ils ont chez eux des hommes qui meurent de faim!* »

Pauvres sauvages, vous avez vu l'Angleterre, ne regardez pas la France!

GEORGE SAND.

FIN DES SAUVAGES DE PARIS.

ENCYCLOPÉDIE D'HISTOIRE NATURELLE

Ou Traité complet de cette science d'après les travaux des Naturalistes les plus éminents de tous les pays et de toutes les époques,

BUFFON, DAUBENTON, G. CUVIER, LACÉPÈDE, ETC., ETC.,

6 fr. 30 c. le volume.   **PAR LE D' CHENU**   1 fr. 5 c. la série.

Chirurgien-Major à l'hôpital militaire du Val-de-Grâce, professeur d'Histoire naturelle, etc., etc.

L'Encyclopédie comprendra les *Races humaines*, les *Mammifères*, les *Insectes*, les *Papillons*, les *Oiseaux*, les *Poissons*, les *Mollusques*, les *Reptiles*, la *Botanique*, la *Minéralogie*, la *Géologie*, etc., etc.

En vente

LES QUADRUMANES (*Singes*), formant un magnifique volume illust. de près de 500 vignettes. — *Prix broché.* ... 6 fr. 30

LES INSECTES-COLÉOPTÈRES, 2 volumes illustrés de près de 1,200 vignettes. — *Prix broché.* ... 12 fr. 60

LES OISEAUX, 6 volumes illustrés de 3,000 vignettes. — *Prix broché.* ... 37 fr. 80

LES PAPILLONS DIURNES, un volume illustré de 500 vignettes. — *Prix broché.* ... 6 fr. 30

LES MAMMIFÈRES (*Quadrupèdes*), 4 volumes illustrés de 1,200 vignettes. — *Prix broché.* ... 26 fr. 25

LA BOTANIQUE, 2 volumes illustrés de 600 vignettes. *Prix broché.* ... 14 fr. 70

En cours de publication

LES REPTILES et POISSONS.

CHAQUE VOLUME SE VEND SÉPARÉMENT.

Ce magnifique corps d'ouvrage est le plus beau, le moins cher, le plus splendidement illustré, et sera le plus complet de tous ceux qui ont paru jusqu'à ce jour.

LEMAISTRE DE SACY
Prix broché.

La Sainte Bible. ... 9 fr. »
L'Ancien Testament *séparé*. ... 7 »
Le Nouveau Testament *séparé*. ... 2 »
Collection de gravures sur acier pour illustrer toutes les éditions de la Bible. Prix de chaque série de 5 gravures ... » 50
La collection se compose de 40 séries.

LAMENNAIS

Les Saints Évangiles, avec notes et réflexions. ... 1 30

VILLIAUMÉ

Histoire de la Révolution. ... 6 »

FELLENS

Histoire de Louis-Napoléon. ... 2 20

LORD BYRON

Œuvres complètes, illustrées de 100 gravures. ... 5 »

WALTER SCOTT

Œuvres complètes. 6 volumes illustrés de 500 gravures. ... 36 »

GRANDVILLE

Les Animaux peints par eux-mêmes. Un magnifique volume, illustré par Granville. ... 4 »

GAVARNI, ETC.

Le Diable à Paris. Un magnifique volume, illustré par Gavarni, Andrieux, etc. ... 4 »

J. J. ROUSSEAU

La Nouvelle Héloïse. ... 2 10
Mes Confessions. ... 2 10
Émile. ... 2 10
Les trois ouvrages, réunis en un volume broché. ... 6 »

MOLIÈRE

Œuvres complètes. ... 4 »
Histoire de la Vie et des Ouvrages de Molière, par Taschereau. ... » 90

BESCHERELLE AÎNÉ

L'INSTRUCTION POPULARISÉE PAR L'ILLUSTRATION
Prix broché.

L'Art de briller en Société. ... 1 30
Mythologie illustrée (1re partie). ... » 90
Id. (2e partie). ... » 90
Monuments élevés à la gloire militaire. ... 1 30
Le tout *réuni* en un volume illustré de 120 gravures. ... 4 »
Les grands Guerriers des Croisades. ... » 50
Histoire des Ballons. ... » 50
Les Jeux des différents âges. ... » 70
Les Beaux-Arts illustrés. ... » 70
Histoire de l'Armée. ... » 90
La Mythologie grecque et romaine. ... » 90
Les Marins illustres. ... 1 10
Le tout *réuni* en un volume illustré de 150 gravures. ... 5 »

ALFRED DE MUSSET, ETC.

Voyage où il vous plaira, ill. par T. Johannot (1re partie). ... 1 10
Id. Id. (2e partie). ... 1 10
Id. Id. (3e partie). ... » 90

CHARLES NODIER

Contes choisis (1re partie). ... » 70
Id. (2e partie). ... » 70
Le Voyage où il vous plaira, *réuni* aux Contes de Charles Nodier, forme un magnifique volume. ... 4 »

MAGASIN DES ROMANS INÉDITS. 2 vol. grand in-8, illustrés de 180 gravures.
Tome 1er, contenant : Raphaël et la Fornarina, par Méry ; les Amours d'un Hercule, par Savinien-Lapointe ; l'Amoureux de Rimini, par Antony Méray ; la Maison isolée, par Émile Souvestre ; les Guérillas, par Émile Marco Saint-Hilaire. ... 4 »
Tome 2e, contenant : La Puritaine et l'Homme des bois, par Eugène Nus ; Louise le Modèle, par Louis Boiviu ; les Amoureux de Pierrefonds, par Henry de Kock ; la Lettre rouge, par Hawthorne ; Daniel le Vagabond, par Savinien-Lapointe. ... 4 »
Chaque volume et chaque ouvrage se vendent séparément.

NOUVEAU MUSÉE UNIVERSEL

Reproduisant, par le dessin, les personnages historiques, les types, les monuments, les sites les plus remarquables, etc., etc.

Dessins par les premiers artistes. — *Texte explicatif par le* BIBLIOPHILE JACOB.

Prix broché : 5 francs.

PANORAMA MUSICAL

RECUEIL DE ROMANCES, AIRS, CHANSONNETTES, VALSES, POLKAS, QUADRILLES, etc., etc., etc.,

PAR LES PLUS CÉLÈBRES COMPOSITEURS

Chaque Livraison, **20** centimes. — Chaque Album, **60** centimes

Les cinquante premières livraisons et les vingt-cinq premiers Albums sont en vente.

No ^A. — Outre les ouvrages indiqués ci-dessus et ci-contre, le Catalogue général contient une très-grande quantité d'œuvres de nos plus célèbres auteurs, et notamment de **Chateaubriand,** le **Bibliophile Jacob, Paul Féval, Alph. Karr, Jacques Arago, Eug. Scribe, Michel Masson, Méry, Pigault-Lebrun, Ricard, Elie Berthet, Dulaure, Anquetil, Hume, Smolett, Albert de Montémont** (*Voyages*), **Lafontaine, Le Sage, Rabelais,** etc. etc., etc.

www.ingramcontent.com/pod-product-compliance
Lightning Source LLC
LaVergne TN
LVHW022035080426
835513LV00009B/1057